난민·악의 평범성·혁명정신

Hannah Arendt

우리는 왜
한나 아렌트를 읽는가

리처드 J. 번스타인 지음 ㅣ 김선욱 옮김

한길사

제리를 위하여

나는 25년 이상을 친구로 지낸 제리(제롬 콘)에게
이 책을 헌정한다.
제리는 한나 아렌트를 국제적으로 공중에게 알리는 데
누구보다도 헌신했다. 그는 아렌트의 출간된 저서와
미출간된 저서에 모두 심판관 같은 편집자였다.
아렌트에 대한 그의 글들은 항상 통찰력이 넘치고 깨달음을 주었다.
또한 나는 원고를 읽고 교정봐준
캐럴 번스타인 교수[1]에게 감사를 표하고 싶다.
그녀는 의심할 여지 없이 나의 가장 거칠고 신랄한 비판자다.
이 책을 쓰도록 제안했던 존 톰슨은 항상 격려의 원천이었다.

우리는 왜
한나 아렌트를 읽는가

한국 독자를 위하여

이 책『우리는 왜 한나 아렌트를 읽는가』가 한국에도 소개되어 몹시 기쁩니다. 특히 한나 아렌트^{Hannah Arendt,} ^{1906~75} 전문가인 김선욱 교수의 손으로 번역되어 더욱 기쁩니다. 김선욱 교수는 1992년에 출간된 아렌트에 관한 제 첫 저서인『한나 아렌트와 유대인 문제』를 번역하기도 했습니다. 그 책이 한국에 소개된 2009년에 저는 그의 추천으로 한국학중앙연구원에서 진행하는 강좌에 초청받아 강의했는데, 그 후에도 우리는 여러 차례 만나 학문적인 대화를 나누었습니다.

주요 정치사상가라는 아렌트의 평판은 그녀가 1975년에 세상을 떠난 이래 전 세계적으로 엄청나게 강화되어왔습니다. 아렌트는 현대의 삶 가운데 깃든 어두운 경향들, 즉 공적 자유와 참된 독립적 사유를 허무는 경향들에 몹시 예민했습니다. 하지만 그녀는 새로운 가능성을 조명하고 희망을 던져주기도 했습니다.

아렌트는 1933년에 독일에서 도망쳐 나와 파리에서 7년간 살다가, 독일이 프랑스를 침공했을 때 운이 좋게도 미국행 비자를 얻을 수 있었습니다. 마침내 미국 시민이 되었을 때까지 그녀는 무려 18년간 무국적 상태로 지내야 했습니다. 이런 경험 때문에 그녀는 난민이 처한 곤경에 대해 상당한 통찰력과 감수성을 바탕으로 글을 쓸 수 있었습니다. 『전체주의의 기원』에서 그녀는 전체주의로 결정화結晶化되어갔던, 근대적 삶의 저류를 구성한 요소들을 이해하려고 했습니다. 그녀는 총체적 지배가 궁극적으로 인간의 자발성과 개인성의 파괴를 추구한다고 주장하며, "전체주의적 해결책들은 전체주의 정권의 몰락 이후에도 인간에게 가치 있는 방식으로 정치적·사회적 또는 경제적 고통을 완화하는 일이 불가능해 보일 때면 언제나 나타날 강한 유혹물의 형태로 살아남을 것이 당연하다"고 썼습니다. 불행하게도 우리는 지난 수십 년간 나타났던 인종학살, 고문, 속임수, 체계적 거짓말 등에서 그러한 "강한 유혹"의 모습을 목격해왔습니다.

전체주의의 "공포에 대한 숙고"를 통해서 아렌트는 인간 삶의 특징을 구성하는 복수성과 탄생성에 대해 깊이 사유할 수 있었습니다. 탄생성을 통해 아렌트가 우리에게 주목을 촉구했던 것은 우리 각자가 어떤 새로운 것을 시작할 수 있는 능력을 갖추고 있다는 기본적 사실입니다. 타인과 함께 행위하고, 숙고하며, 공동행위를 할 수 있는 공적 공간을 창출할 능력 말입니다. 복수성이라는 말로 강조하려고 했던 것은 우리 각자가 하나의 공동 세계에 대해 어떻게 고유하고도 독특한 관점을 지니게 되는지에 관한 것이었습니다.

아렌트는 역사에 대해 필연적 진보라 하든 필연적 퇴보라 하든, 필연성을 말하는 모든 호소에 대해 비판적이었습니다. 그녀는 무책임한 낙관론도 무책임한 절망도 믿지 않았습니다. 아렌트는 과거의 폐허에서 인류가 함께함으로써 공적 공간을 창출해 구체적인 현실적 자유를 낳은 빛나는 순간들을 회복하려고 애썼습니다. 그녀는 18세기 프랑스와 미국에서 분출했던 "혁명정신"이 아주 다양한 역사적 상황에서 갑자기 그리고 예기치 않게 등장했던 오래된 보물 같은 것이라고 주장했습니다. 그녀는 이런 혁명정신이

제2차 세계대전 기간에 프랑스 레지스탕스에게서, 1956년에 부다페스트봉기에서 그리고 미국의 초기 민권운동에서 살아 움직이는 것을 보았습니다. 최근 한국사에서 나타난 2016~17년의 비폭력적인 촛불시위 같은 사건들도 공동행위를 통해 권력이 생겨나고 자라나는 현상인 혁명정신의 발현을 보여줍니다.

많은 사람이 아렌트에 대해 알게 된 것은 악의 평범성을 언급했던, 아돌프 아이히만 Karl Adolf Eichmann, 1906~62 에 대한 재판 보고서의 출간으로 야기된 논쟁 때문입니다. 그 책이 그토록 도전적이면서도 거북스러운 이유는 그녀가 전통적인 악 개념에 도전했기 때문입니다. 아이히만이 범한 행위들은 괴물 같은 것이지만 그 인간은 괴물이 아니었습니다. 아이히만은 완벽히 정상적이었고 일반인 같았지만, 그 자신의 상투어 클리셰 와 "언어규칙"에 사로잡혀 있었습니다. 그녀는 우리가 악을 신화화하지 않아야 한다고 주장했습니다. 아렌트에 따르면, 악은 "심연도 또 어떠한 악마적 차원도 지니고 있지 않습니다. 악이 지나치게 성장해 세계 전체를 황폐하게 할 수 있는 것은 그것이 지면에서 곰팡이처럼 퍼지기 때문"입니다. 아이히만은 어리석지 않있습니다. 실제로 그는 수백만의 사람을 죽음으로 내모는 일에 아주 유능했습니다. 그렇지만 아렌트는 아이히만이 자신이 하고 있는 일을 멈추고 자신이 무엇을 하고 있는지 생각하는 능력을 결여했다고 주장했습니다. 아이히만은 반성적 사유를 위해 필요한 것으로 아렌트가 그토록 아름답게 묘사했던 "확장된 심성"을 결여하고 있었습니다.

아렌트는 마지막 수년 동안 사유의 경험에 대한 반성으로 되돌아갔습니다. 사유는 지식과 혼돈되어서는 안 되는데, 그것은 의미를 다루기 때문입니다. 사유는 다시, 또다시 반복해서 수행해야 합니다. 사유의 경험을 묘사하기 위해 아렌트는 소크라테스를 모델로 삼았습니다. 사유하는 방법을 어떻게 가르칠 수 있을까요? 소크라테스는 자신이 겪은 가장 심각한 당혹감을 타인도 느끼게 함으로써 생각하는 법을 가르치려 했습니다. 아렌트가 오늘날 그토록 적실성을 지니는 이유는 그녀가 자신의 당혹감을 우리도 느끼게 하기 때문입니다. 우리는 이 당혹감을 아직도 느끼고 있습니다.

나의 이 보잘것없는 책은 독자가 아렌트와 함께 생각하도록 그리고 심지어 때때로 아렌트에 대항해서 생각하도록 돕기 위해 쓰인 것입니다. 아렌트는 우리에게 함께 행위하고, 새로운 일을 시작하고, 자유가 현세적이고 구체적인 현실이 될 수 있도록 노력하는 능력이 있다고 가르쳐줍니다. 그녀는 우리가 독립적으로 생각하는 자가 되도록 영감을 줍니다.

리처드 J. 번스타인
사회연구를 위한 뉴스쿨

Richard J. Bernstein

서론

1975년 12월에 사망했을 때 아렌트는 주로 아이히만 재판에 대한 보고서를 둘러싼 논란과 "악의 평범성"이라는 구절 때문에 유명한 정도였다. 미국과 독일에는 아렌트의 다른 저술에 대해서도 많이 알고 있었던 찬미자 집단과 비평가 집단이 있었지만 그런데도 그녀는 주요 정치사상가로는 거의 간주되지 않았다. 그녀가 사망한 뒤 수년 만에 상황은 근본적으로 바뀌었다. 그녀의 책들은 수십 개의 언어로 번역되었다. 전 세계의 사람들이 그녀의 저술들에 열정적인 관심을 보인 것이다. 아렌트 및 그녀의 사상을 다루는 책과 학술대회 그리고 논문들이 계속 등장했고 그 끝이 없는 것 같았다. 최근에는 소셜미디어에 아렌트에 대한 토론 및 언급들이 넘쳐나고 있다. 왜 이처럼 관심이 증가하는 것일까 그리고 왜 최근에 들어서야 그녀의 업적에 대한 관심이 폭발한 것일까?

아렌트는 근대의 정치적 삶에서 발생하는 몇몇 가장 심각한 문제, 곤경, 또 위험한 경향에 대해 상당히 예민하게 반응했다. 이 중 많은 것이 여전히 사라지지 않고 있다. 어떤 것들은 점점 더 강력해지고 또 더 위험해졌다. 아렌트의 "어두운 시대"에 대한 언급은 단지 20세기 전체주의의 공포만을 지칭한 것이 아니었다. 그녀는 이렇게 쓰고 있다.

만일 공적 영역의 기능이 행위와 말 가운데서 자신이 누구이며 자신이 할 수 있는 것이 무엇인지를 더 낫게 혹은 더 못하게 보여줄 수 있는 출현의 공간을 제공함으로써 인간사에 빛을 던지는 것이라면, 어두움이 등장하는 까닭은 "신뢰에서의 갭"과 "보이지 않는 정부", 있는 그대로를 드러내지 않고 그것을 카펫 아래로 쓸어 넣어 버리는 말 그리고 오래된 진리를 떠받든다는 미명 아래 모든 진리를 무의미한 평범함으로 격하시켜버리는 도덕적 또는 다른 종류의 훈계 때문이다.[1]

오늘날 우리는 어두움이 전 세계를 삼키고 있는 시대를 살아가고 있다고 결론 내리지 않고서는 견디기가 어려울 정도다. 아무리 어두운 시대라 하더라도 불빛을 발견하는 희망을 품을 수 있다고 아렌트는 주장한다. 그 불빛은 이론이나 개념에서 등장하기보다는 개인들의 삶과 일에서 등장하는 것이다. 내가 보여주고 싶은 것은 아렌트가 그런 불빛을 제공하고 있다는 점, 즉 아렌트는 우리의 정치적 문제들과 당혹스러운 일들에 대해 우리가 비판적 관점을 갖출 수 있게 돕고 있다는 점이다. 아렌트는 근대의 삶에 나타나는 위험한 경향들에 대해 빈틈없이 비판했으며, 정치의 품위를 회복하기 위한 가능성을 비추었다. 이것이 바로 오늘날 아렌트가 읽히고 있는 그리고 읽어야 할 이유다.

그런데 대체 아렌트는 누구인가? 아렌트의 사유를 형성한 그녀의 삶의 여러 국면 가운데 일부만 간단히 소개하는 것으로 시작해보자. 아렌트는 포르투나Fortuna, "행운" "기회" "우연"으로 옮길 수 있음 여신에 대한 마키아벨리의 호소에 마음이 끌렸다. 우리가 아는 대로 우연이란 좋을 수도 나쁠 수도 있다. 아렌트의 친한 친구였던 발터 베냐민Walter Benjamin,

1892~1940이 늘 나쁜 우연을 경험하다가 결국 자살하고 말았던 것과는 달리 아렌트의 포르투나는 그녀 삶의 결정적 순간에 우호적인 모습을 보였다. 1906년에 비종교적인 독일계 유대인 집안에서 태어났던 그녀는 후설, 하이데거, 야스퍼스, 불트만 같은 독일의 탁월한 철학자 및 신학자와 함께 공부했다. 나치와 강력한 반셈주의[2]의 불길한 성장에 대항해 아렌트는 나치의 반셈주의 선전을 연구함으로써 자신의 시온주의자 친구들을 돕기로 했다. 1933년에 아렌트는 구속되어 8일간 조사받았다. 그녀는 자신이 했던 일을 자백하지 않았고 결국 석방되었다. 이것은 특별한 행운이라고 할 수 있다. 왜냐하면 많은 사람이 그와 같은 상황에서 게슈타포의 감방에 갇힌 채 죽음을 맞이했기 때문이다.

이후 아렌트는 독일을 탈출하기로 결심했는데 그것은 불법이었다. 그녀는 체코슬로바키아를 거치는 탈출로를 택해 파리로 갔다. 이는 나치를 피해 도망친 많은 유대인이 택했던 도주경로였다. 아렌트는 나중에 미국 시민이 될 때까지 공식적으로 18년간 무국적 상태였다. 이것이 아렌트가 무국적자의 곤경과 난민들의 어려운 상태에 민감했던 가장 중요한 이유다. 파리로 불법 망명한 독일인들은 취업을 위한 공식문서가 없었기 때문에 많은 이가 극단적으로 불안정한 삶을 살고 있었다. 아렌트는 '청년 알리야'를 포함한 몇몇 유대인 및 시온주의자 조직에 취업해 안정적으로 일할 수 있는 행운을 쥐었다. '청년 알리야'는 위험에 빠진 유럽의 유대인 청소년들을 팔레스타인으로 보내는 기관이었다.

파리에서 그녀는 하인리히 블뤼허 Heinrich Blücher, 1899~1970 를 만났는데 그는 독일인으로 스파르타쿠스봉기에 참여했고 독일 공산당 당원이었다. 그들은 1940년에 결혼했다. 독일군이 프랑스를 침공하기 직전인 1940년 5월에 프랑스 정부는 17세 이상 55세 이하의 모든 "적국 출신 외국인들"을 강제수용소에 수감하라는 명령을 내렸다. 뉴욕에 도착한 직후에 쓴 글에서 아렌트는 현대사가 창조한 새로운 인종에 대해 역설적으로 언급하고 있다. "자신의 적 때문에 강제수용소에 수감된 인종과 자신의 친구 때문에 포로수용소에 수감된 인종"[3] 이라고 말이다. 아렌트는 나치가 프랑스를 침공했던 짧은 기간에 귀르 Gurs 수용소에서 가까스로 탈출했다. 그때 탈출하지 않았던 많은 여성은 아이히만의 명령에 따라 아우슈비츠로 이송되었다. 아렌트는 포로수용소에 수감되어 있는 동안 하인리히와 자신의 어머니와 떨어지게 되었다. 아렌트는 그들과 재결합할 수 있었는데, 이는 또다시 운이 따른 우연의 결과였다.

이제 새로운 도전은 무국적 상태인 독일계 유대인 불법 난민으로서 어떻게 유럽을 탈출하느냐 하는 것이었다. 문제는 이중적이었다. 하나는 미국으로 가는 비자를 어떻게 얻는가 하는 것이었고, 다른 하나는 어떻게 프랑스를 빠져나가 포르투갈로 가서 뉴욕행 배를 타는가 하는 것이었다. 유럽계 유대인들이 경험했던 이 카프카적 곤경과 오늘날 합법적 미국 입국을 시도하려는 시리아 무슬림들이 직면한 끔찍한 난관 사이에는 불편한 대칭이 존재한다. 두 경우 모두 이 난민들에 대한 엄청난 의심과 적대감 및 과도하게 심각한 비자 규제가 있었다. 포르투나가 (마치 아렌트를 보호하고 있는 듯) 다시금 개입했다. 아렌트와 하인리히는 마르세이유에서 비상난민위원회의 수장으로 있었던 배리언 프라이Varian Fry, 1907~67에게서 비자를 발급받을 수 있었다. 그들은 자신들을 추적하는 프랑스 경찰을 피해 프랑스를 탈출하는 데 성공했고 스페인을 가로질러 리스본에

젊은 시절의 한나 아렌트
1906년에 독일에서 유대인으로 태어난 아렌트는
나치를 피해 프랑스 파리로 도망친다. 이후 미국으로 망명해
시민권을 얻기까지 18년간 무국적 상태로 지내게 된다.
이는 아렌트가 무국적자의 곤경과 난민의 어려운 상황에
민감했던 가장 중요한 이유다.

도착했다. 거기서 그들은 미국으로 자신들을 싣고 갈 배를 석 달 동안 기다렸다. 1941년 5월에 아렌트와 남편은 뉴욕에 도착했다. 아렌트의 모친은 한 달 후에 도착했다.

되돌아보면, 우리는 아렌트가 얼마나 운이 좋았는지, 생사를 가르는 순간에 벌어지는 우연적 사건들에 어떤 의미가 있는지 알 수 있다. 그녀는 베를린에서 조사받는 과정에 죽임당했을 수도 있었다. 귀르 수용소를 탈출하는 데 실패해 결국 아우슈비츠로 이송될 수도 있었다. 꼼짝 못 하고 프랑스에 머물러야 했던 수많은 유대인처럼 그녀도 비자를 발급받지 못해 결국 독일의 강제수용소로 끌려갈 수도 있었다. 아렌트는 영어를 거의 모르는 상태에서 35세의 나이로 뉴욕에 도착했다. 그녀의 모국어는 독일어였고 그녀는 항상 독일어를 사랑했다. 특히 독일 시를 사랑했다. 1941년 이전에 그녀는 영어권 국가에 한 차례도 가본 적이 없었다. 그렇지만 아렌트는 영어를 완벽하게 익히기 시작했다. 그녀의 글을 "영어화"하는 데 도움을 준 친구들의 조력을 받아 그녀는 '유럽계유대인문화재건위원회'를 포함한 지역 유대인 단체가 발행하는 잡지에 글을 기고하기 시작했고 쇼큰 출판사Schocken Press의 책임편집자가 되었다.

1944년에 아렌트는 호튼 미플린 출판사Houghton Mifflin Press에 저술 제안서를 제출했다. 아렌트는 책 제목을 『수치의 요소들: 반셈주의-제국주의-인종주의』라고 했다. 이후 4년간 아렌트는 이 책의 저술에 집중했다. 그녀는 저술의 범위와 내용에 대해 여러 차례 마음을 바꾸었다. 그 과정에서 비교적 늦은 시점에 그녀는 초점을 바꾸기로 결심하고 전체주의를 다룬다. 1951년에 『전체주의의 기원』을 500쪽 이상이 되는 두꺼운 분량의 책으로 출간했다. 최종적으로 이 책은 크게 반셈주의, 제국주의, 전체주의라는 세 부분으로 구성되었다. 『전체주의의 기원』은 전체주의 연구에 크게 이바지하는 책으로 곧바로 인정받았다. 실제로 이 책의 제목은 독자를 호도하는 부분이 있는데, 이 책에서 아렌트가 20세기에 나타난 전체주의의 기원과 원인에 대한 역사적 설명을 제공할 것이라고 생각하게 하기 때문이다. 아렌트의 기획은 그와는 상당히 다른 것이었다. 그녀는 전체주의라는 끔찍하고 새로운 현상으로 "결정화"된 여러 요소의 "저류들"을 추적하는 데 착수했던 것이다. 그녀의 모든 주요 저술과 마찬가지로 『전체주의의 기원』도 상당한 논란을 불러일으켰고 또 지금도 여전히 논란

가운데 있다. 그렇지만 이 책은 그녀를 주요 정치사상가로
세워주었다.

이후 25년 동안 아렌트는 『인간의 조건』 『라헬 파른하
겐』 『과거와 미래 사이』 『예루살렘의 아이히만』 『혁명론』
『어두운 시대의 사람들』 『폭력론』 『공화국의 위기』 그리고
사후에 출간된 『정신의 삶』 등 도발적인 저술과 논문집을
지속적으로 출간했다. 그녀의 사후에도 수많은 미간행 원
고가 간행되었고, 지금도 계속 출간 중이다. 여기서 나는
아렌트 저작에 대한 연구를 제공하려는 것은 아니다. 그보
다는 우리가 오늘날 직면하고 있는 문제들과 난점들에 적
합한 일련의 중심 주제들에 집중할 것이다. 나는 왜 오늘
날 우리가 아렌트를 읽어야 하는지, 즉 그녀의 삶과 저작
이 어두운 지금 시대를 어떻게 조명하고 있는지를 보여주
고 싶다.

무국적 상태와 난민

우리의 이론들이 아무리 추상적이라 하더라도 또는 우리의 논거가 아무리 일관되게 보인다 하더라도, 그것들 뒤에는 우리가 말해야만 할 모든 것의 완전한 의미를 함축해 담고 있는 사건과 이야기가 적어도 우리를 위해서 존재한다고 나는 항상 믿어왔다. 사유 자체가— 인간의 두뇌보다 더 잘 작동하도록 만들어졌을지 모르는 전자기계가 이룩하는 기술적이고 논리적인 작동보다도 더 한 정도로—사건의 현실성에서 일어나며, 살아 있는 경험이 발생하는 사건들은 사유가 높이 솟구쳐 오르거나 깊은 심연으로 내려갈 때 의지할 이정표로 남아 있어야 한다.[1]

이 구절은 아렌트의 심오한 사상가로서의 특징적 모습을 드러낸다. 그녀는 진지한 사유란 인간 자신이 살아온 경험에 근거한다고 믿었다. 독일에서 탈출해 프랑스로 망명한 뒤 미국에 도착하기까지 아렌트가 주요하게 겪은 것은 국적이 없는 독일계 유대인 난민으로서의 경험이었다. 만일 아렌트가 난민기구들의 도움을 받지 못했더라면 그녀는 비자도 또 미국으로 여행할 수 있는 재정도 구하지 못했을 것이다. 아렌트가 뉴욕에 도착했을 때 난민기구들은 그녀가 정착할 수 있도록 적절한 도움을 주었다. 그녀의 인생 전체에 걸쳐 가깝게 교류했던 많은 친구도 역시 나치를 피해 망명한 난민들이었다. 무국적 난민으로 살았던 그녀의 경험은 파리와 뉴욕에서의 초기 사유를 형성했다. 아렌트는 자신이 어렸을 때는 유대인이라는 사실을 거의 인식하지 못했다고 말했다. 그러나 1920년대에 그녀는 나치 반셈주의의 사악성에 대해 깨닫기 시작했다. 이 시절을 회상하면서 했던 인터뷰에서 그녀는 다음과 같이 말했다. "나는 반복적으로 말했던 이 말, 즉 누군가가 유대인으로서 공격받으면 그는 자신을 유대인으로서 방어해야 한다는 말의 의미를 깨달았다. 독일인으로서가 아니고, 세계 시민으로서도 아니며, 인권을 지닌 한 인간으로서나 또는 다른 그 어떤 존재로서도 아니라는 말이다."[2]

1930년대와 1940년대에 쓴 저술에서 아렌트는 유대인 문제와 시온주의의 다양한 측면을 다루었다. 그녀는 뉴욕에서 출간된 독일계 유대인 신문인 『아우프바우』*Aufbau*의 정기 칼럼니스트가 되었고 그녀의 독자는 주로 다른 독일계 유대인 망명자들이었다. 아렌트는 당시 미국이 제2차 세계대전에 참전하기 전인데도 국제 유대인 군대를 창설해 히틀러와 싸워야 한다고 열정적으로 주장했다. 뉴욕에 도착한 지 겨우 2년밖에 되지 않았던 1943년에 그녀는 잘 알려지지 않은 유대인 잡지에 「우리 난민들」이라는 글을 기고했다. 난민 문제에 대해 통찰력과 위트, 아이러니 그리고 깊은 멜랑콜리를 담은 글이었다. 그녀는 "우선 우리는 '난민'이라고 불리기 원하지 않는다. 우리 자신들은 서로를 '신참' 또는 '이주자'라고 부른다"[3]라고 선언하며 글을 시작했다. 한때 난민이란 어떤 행위나 정치적 견해를 이유로 피난처를 구해야만 하는 내몰린 사람을 의미했다. 그런데 이제 대부분 난민은 급진적 견해를 꿈꾸어보지도 않았던 사람들이기에 난민의 의미가 변화되었다. 아렌트는 행위나 말 또는 그 어떤 것 때문에서가 아니라 나치가 우리를 모두 유대 종족의 일원이라고 판결했기 때문에 강제적으로 난민이 되었다고 주장했다. "우리와 더불어 '난민'의 의미가 변했다. 이제 '난민'은 우리 중에 운이 나쁘게도 아무런 생계수단도 없이 새로운 나라에 도착해 난민위원회의 도움을 받아야만 하는 사람들을 의미한다."[4]

많은 난민은 낙관적인 체하며 새로운 나라에서 새 삶을 건설하길 희망한다. 아렌트는 새로운 나라에 신속히 적응하고 동화할 것이라는 열망 가운데 담긴 부조리를 조롱하며, 프랑스에 도착해 "이주민 모임을 만든 뒤 그 모임에서 서로에게 자신들은 이미 프랑스인이 되었다고 주장했던" 독일계 유대인의 이야기를 들려준다. "그런 모임 가운데 하나를 만든 독일계 유대인이 자신의 첫 연설에서 '우리는 독일에서는 좋은 독일인이었소, 그러니 우리는 프랑스에서 좋은 프랑스인이 되어야 합니다'라고 말했다. 대중은 열정적으로 박수를 쳤으나 어느 누구도 웃지 않았다. 우리는 어떻게 우리의 충성심을 입증할 수 있는지를 배워서 행복했던 것이다."[5] 그러나 슬픈 진실은, 우리는 우리의 고향을 상실했다는 것, 우리의 직업을 잃어버렸다는 것 그리고 우리의 언어를 잃어버렸다는 것이다. 우리는 강제수용소에서 살해당한 우리의 수많은 가족과 친구를 잃어버렸다. 우리는 과거의 공포를 잊고 그에 대해 말하지 말라는 "다정한 충고"를 들었다. 어느 누구도 그 일들에 대해 듣기를 원하지 않았다. 그러나 이처럼 가장된 낙관에는 피상적이고 거짓된 무엇인가가 있었다. 그런 낙관은 쉽사리 말을 잃어버린 비관으로 바뀔 수 있었다. 그리고 우리 가운데 어떤 이들은 심지어 가스를 틀고 자살했다.

아렌트는 자신이 인기 없는 주제들에 대해 이야기하고 있다는 것을 알고 있었다. 그녀는 낙관적인 명랑함의 이면에 절망과의 끊임없는 투쟁 그리고 정체성에 대한 깊은 혼란이 존재한다는 것을 느꼈다. 아렌트는 수많은 동료 난민에 비해 항상 훨씬 더 독립적이었으나, 다음과 같은 글을 남겼다.

우리가 누구인지에 대해 또는 우리가 원하는 대로 살아가는 것에 대해 결정하기가 덜 자유로울수록 더욱 겉치레를 하게 되고, 사실들을 감추고, 어떤 역할을 하려고 애쓴다. 우리는 유대인이기 때문에 독일에서 추방되었다. 그러나 독일 국경을 채 넘기도 전에 우리는 보슈[6]로 변했다. 심지어 우리가 진정으로 히틀러의 인종 이론에 저항한다면 이런 호칭을 받아들여 한다는 말을 듣기도 했다. 7년 동안 우리는 프랑스인이 되려고 애쓰는 우스꽝스러운 역할극을 했고, 마침내 시민이 될 가능성이 높아졌다. 그러나 전쟁이 시작될 무렵 우리는 또다시 보슈가 되어 수용소에 수감되었다. 그 과정에서 우리는 대부분 이미 아주 충성스러운 프랑스인이 되어 프랑스 정부의 명령에 대해 비판조차 할 수가 없었다. 따라서 우리는 수용소에 수감되어도 괜찮다고 선언했다. 우리는 역사상 최초로 자발적 수감인이 되었다. 독일이 프랑스를 침공한 뒤에 프랑스 정부는 수용소의 이름만 바꾸면 되었다. 독일인이라는 이유로 수감되었던 우리는 이제 유대인이라는 이유로 석방되지 않았다.[7]

아렌트는 한 나라에서 다른 나라로 쫓겨났던 유대인 난민의 모진 운명을 그림처럼 묘사했지만 그녀가 관심을 둔 것은 그보다 더 깊은 문제였다. 그녀는 제1차 세계대전 이래로 줄곧 유럽을 괴롭혀왔던 무국적 인간, 즉 난민의 집단적 발생이라는 현상을 이해하길 원했던 것이다. 그녀는 「우리 난민들」에서 이러한 새로운 대중 현상의 정치적 결

**1939년에 영국 런던의 크로이던 공항에서 경찰들에게 연행되는
'적국' 체코슬로바키아 출신 유대인 난민들**
나치를 피해 유럽 곳곳으로 흩어진 유대인들은 출신지에 따라
수용소 생활을 감내해야 했다.
자연스럽게 유대인들은 '1등 국민'으로 인정받기 위한
노력을 기울였다.

과에 대해 다소 일반적 주장으로 결론을 내린다. "이 나라에서 저 나라로 내몰린 난민들은 그들 민족의 전위대를 대표한다. 만일 그들이 자신의 정체성을 유지한다면 말이다. 처음으로 유대인의 역사가 다른 민족들의 역사와 분리되지 않고 연결되었다. 유럽 제 민족들의 유대는 가장 약한 구성원이 배제되고 처형당했을 때, 바로 그 이유로 분열되었다."[8]

아렌트가 자신의 동료 난민들과 함께했던 개인적 경험에 기초한 글 「우리 난민들」은 무국적 상태와 난민들에 대한 근본적 질문을 제기한다. 그녀는 『전체주의의 기원』의 주목할 만한 부분인 「국민국가의 몰락과 인권의 종말」이라는 장에서 이 질문을 더욱 정확히 제시한다. 무국적 상태란 "현대사의 가장 새로운 대중 현상이며, 국적이 없는 사람들로 구성된 점차로 커져가는 새로운 민족의 존재는 현대 정치의 병적 징후를 가장 잘 나타낸다."[9]

그들이 존재하게 된 원인을 한 요인으로만 돌릴 수는 없지만, 무국적자 중 서로 다른 집단들이 존재한다는 점을 고려할 때 **제1차 세계대전 말부터 발생한 모든 정치적 사건**

으로 법의 울타리 밖에 사는 사람이라는 새로운 범주가 불가피하게 추가된 것으로 보인다. 원래의 정치 상황이 아무리 변해도 이 범주 가운데 그 어떤 집단도 다시 정상화되지 않았다.[10]

아렌트가 이 글을 썼을 때 그녀는 자신의 관찰이 21세기 초에 얼마나 큰 적실성을 갖출지 거의 짐작도 못했을 것이다. 지난 100여 년 동안에 발생한 거의 모든 중요한 정치적 사건은 새로운 범주의 난민을 양산하는 것으로 귀결되었다. 아렌트는 주로 유럽의 난민들에 초점을 맞추었지만 이제 이 현상은 전 지구적이다. 난민들과 범주들의 수가 계속해서 증가한다. 난민을 받아들이는 것에 대한 주권 국민의 저항이 (극소수의 예외를 제외하고는) 점차 증가하고 있다. 난민촌에 있는 수백만 명의 난민은 자기 고향으로 돌아갈 수 있다거나 새로운 고향을 찾을 수 있으리라는 희망을 거의 품지 못하고 있다. 아렌트는 무국적 인간의 범주와 숫자가 지속적으로 증가하는 현상은 현대 정치의 가장 문제적인 징후가 될 것이라고 경고한 최초의 주요 정치사상가 중 한 명이다.

아렌트는 대량 무국적 상태가 시작된 원인을 국민국가의 쇠퇴에서 찾는다. "국민국가"라는 용어는 일정 경계로 제한된 영역을 통치하는 주권 국가를 가리키는 말로 오늘날 일반적으로 사용되지만, 아렌트는 이 표현을 한층 더 엄격하게 사용한다. 유럽의 근대적 국민국가는 18세기 말에 등장했다. 그녀는 "국민"과 "국가"를 조심스럽게 구분했다. "국민"이란 일정 경계로 제한된 영역에 살면서 문화와 언어 그리고 공통의 역사를 지닌 주요 집단을 가리킨다.[11] "국가"란 한 영역에 살아가는 사람들의 **법적** 상태를 가리킨다. 그들은 법적 권리를 가진 시민으로 간주된다. 근대 국민국가가 형성되기 시작했던 시기부터 국민과 국가 사이에는 긴장이 존재했다. 어떤 사람들이 국민의 "참된" 구성원으로 간주될 것인지에 대한 질문이 제기되었다. 한 지역에 살아가는 사람 가운데 어떤 사람들을 법적 권리를 가질 자격이 있는 시민으로 여길 것인지 그리고 어떤 사람들을 비-시민으로 여겨 배제할 것인지를 말이다.

이 문제는 제1차 세계대전 이후에 만들어진 소수자협약 때문에 더욱 심각해졌다.[12] 이 협약은 중부유럽 및 동유럽 지역에 새로 건설된 국민국가들에 살고 있는 소수자들을 보호하려는 의도로 제도화된 것이었다. 하지만 이 협약은 향후 점차 명백해질 내용들을 다음과 같은 명료한 언어로 서술했다. "오직 국민만 시민이 될 수 있고, 같은 민족적 기원을 지닌 인민만 법적 제도의 완전한 보호를 향유할 수 있으며, 다른 민족성을 지닌 사람들은 그들이 완전히 동화되거나 자신의 기원과 완전히 결별할 때까지는 또는 그런 조건을 갖추지 않은 상태에서는 예외를 인정하는 법을 필요로 한다"[13]라고 말이다. 아렌트는 소수자협약에 담긴 위선과 실패를 폭로한다. 간단히 말해, 소수자들의 권리를 보호하는 효과적인 국제적 또는 국가적 장치는 존재하지 않았다. 이런 조약의 실질적 결과는 무국적 인간, 즉 자신의 "고국"인 국가에서 처형을 피해 도망친 소수자들이라는 새로운 범주를 더하는 것일 뿐이었다.

실제로 국민과 국가주의nationalism는 국가 및 법적 권리의 보호를 압도했다. 이렇게 발전해나갈 위험성은 국민국가의 시작단계부터 그 구조에 내재해 있었다. 국민국가의 설립이 입헌적 정부의 설립과 일치되어 진행되었던 동안에 국민국가는 자의적 행정과 전제정보다는 법의 지배에 기초했다. "그래서 국민과 국가 사이의 그리고 국가적 이익과 법적 기관들 사이의 불안한 균형이 붕괴되었을 때, 이런 형태의 정부와 인민의 기관들의 분리는 엄청난 속도로 진행되었다."[14] 아렌트가 묘사했던 국민과 국가 사이의 불안한 균형과 오늘날 추한 국가주의의 등장과 더불어 일어나고 있는 일들 사이에는 또다시 섬뜩한 병행구조가 존재한다. 우파 정당들은 민족문화에 "참으로" 속하는 이들만 완전한 법적 권리를 가질 자격이 있다고 주장한다. 오직 "참된 프랑스인" "참된 폴란드인" "참된 헝가리인" "참된 미국인"만이 국가의 완전한 법적 보호를 받을 자격이 있다는 것이다.

국민국가의 해체 과정에는 그보다 더 심각한 단계가 존재하는데, 이는 나중에 전체주의 국가들에서는 압도적인 모습으로, 전체주의적이지 않은 국가들에서도 명백하게 나타났던 것이다. 이는 한 국민국가에서 탄생한 사람들이 "탈국민화"될 때 나타났다. 이것은 절멸을 향한 최초의 해결책이 등장하기 오래전부터 독일에서 살던 유대인들이 겪은 운명이었다. 히틀러가 권좌에 오르자마자 유대인들 (과 다른 "바람직하지 않은 소수자들"[15])에게서 사법적 권리들을 박탈하는 모든 종류의 법이 가결되었다. 주권 국가들은 언제나 이민, 귀화, 추방에 대한 "절대적" 권리를 주장했다. 시민권 박탈은 나치의 체계적 프로그램에서만 이루어진 것이 아니었다. 유럽에서는 국민 가운데 "바람직하지 않은" 거주자들을 제거하거나 배제하는 어떤 새로운 법안을 가결하지 않은 나라가 거의 없었다. 수많은 사람은 나치가 자행한 시민권 박탈 정책에 충격받지 않을 수 없었지만, 우리 시대에도 수많은 주권 국민이 그와 동일한 실질적 효과가 있는 정책들을 제도화하고 있다. 협의의 법적 관점에서 엄격히 따져보면, 밀입국한 부모들과 함께 미국에 들어온 어린아이들은 미국 시민이 아니다. 그러나 이런 어린아이들이 미국에서 성장하고 교육받고 일할 수 있도록 했던 (DACA[16] 같은) 프로그램을 폐기해, 그들이 한 번도 살아본 적이 없는 나라로 추방하는 것은 시민권 박탈과 실질적으로 효과가 동일하다.

국민과 국가의 분리, 지속적인 난민의 대량 증가, 자신들을 받아주는 국가를 찾지 못한 난민들의 곤경, 난민수용소의 엄청난 증가 등의 사실을 두고 오늘날 아렌트를 읽을 때, 그녀의 사상이 지닌 현재적 적실성 때문에 섬뜩

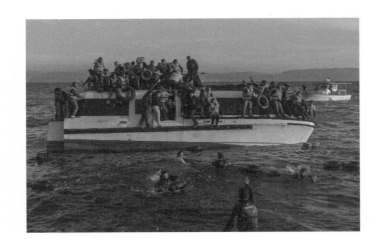

2015년 10월에 그리스 레스보스섬에 도착한 시리아와 이라크 난민들
히틀러가 권자에 오르자마자 유대인의 사법적 권리를 모두 박탈하는
법이 가결되었다. 이는 나치만의 문제가 아니었다.
당시 유럽에서 이런 조치를 취하지 않은 나라가 거의 없을 정도였다.
오늘날에도 수많은 국가가 그와 동일한 효과의 정책들을 제도화하고 있다.

한 느낌을 받게 된다. 오늘날 난민들의 범주와 발생 원인 그리고 그들이 존재하는 지역들은 물론 아렌트가 살던 때와는 다르다. 그렇지만 정치적 사건들 때문에 새로운 무국적 인간 및 난민 집단이 증가하고 있다는 점은 여전히 사실이다. 난민은 현대 정치의 병적 모습을 보여주는 가장 대표적인 집단이다. 난민과 인권 문제를 다루는 국제기구들과 NGO들이 증가했는데도 주권 국민은 자신들이 누구를 난민으로 받아들일지 또는 받아들이지 않을지를 결정할 "절대적" 권리를 여전히 맹렬하게 지켜내고 있다. 오늘날 주권이라는 개념 자체가 오용되고 있다. 그 개념이 주로 "바람직하지 않은" 난민들을 배제하는 데 사용되고 있는 것이다. 현재의 위기에 대한 유일한 "해결책"은 더 많고 더 큰 수용소를 만드는 일이 되었다. 현재 난민 캠프에는 수백만 명, 즉 아렌트가 『전체주의의 기원』을 저술할 당시보다 훨씬 더 많은 사람이 그곳을 떠날 수 있을 것이라는 희망을 거의 품지 못한 채 살고 있다. 이것이 전쟁의 혼란과 처형, 극단적 가난과 기아의 비참함에서 탈출한 이들에게 세계가 제공하는 유일한 "나라"다. 짧게 말해, 아렌트가 무국적 상태 및 난민 위기에 관해 강조했던 사실상의 모든 문제가 우리를 지속적으로 괴롭히고 있다는 것이다. 그것도 더욱 강렬하게 또한 더욱 나쁜 모습으로 말이다.

권리를 가질 권리

무국적 상태의 난민이라는 지위는 인권, 양도 불가능한 권리, 인간적 권리 등에 관한 어려운 문제를 제기한다. 아렌트는 우리가 **생각**해야만 하는 문제들을 명확히 하기 원하는데, 이 때문에 여러 난점들에 대해 말한다. 그녀는 대부분 사람이 생각하기를 진정으로 원하지 않는다고 느꼈다. 사람들이 어려운 정치적 문제들을 무시하고 덮어버리고 지나치기 위해 상투어클리셰를 선호한다는 것이다. 그녀는 인권이라는 관념 자체에 놓인 거북한 난점들을 지적한다. 프랑스의 인권선언과 "양도 불가능한" 권리에 대한 미국의 선언, 이 양자는 모두 18세기 말에 선언되었고 역사상 중요한 긍정적 전환점이 되었다. "그것이 의미하는 바는, 그 이후로는 신의 명령이나 역사의 관습이 아니라 인간Man이 법Law의 근원이라는 것 그 이상도 이하도 아니라는 것이다."[1]

인권이 "양도 불가능"하다고, 즉 다른 권리나 법률로 환원되거나 또는 그것들에서 연역될 수 있는 것이 아니라고 선언되었기 때문에, 어떤 권위에 대한 호소도 인권의 수립을 위해 호소될 수 없었다. 인간^{Man} 자체만이 인권의 근원이자 궁극적 목표였다. 더욱이 어떠한 특별한 법률도 인권을 보호하기 위해 필요한 것으로 여겨질 수 없는 것이었다. 왜냐하면 그 어떤 법률도 인권에 근거하도록 되어 있기 때문이다. 민족이 정부 문제에 유일한 주권자로 선포되었던 것처럼, 인간은 법의 문제에 유일한 주권자인 것처럼 보였다.[2]

"양도 불가능한 권리"의 선언에는 하나의 역설이 개입되어 있었다. 그 권리가 실제로 존재하는 역사적이고 구체적인 개인들과는 단절된 추상적 인간^{Man}에게 귀속된다는 점이었다. 프랑스인들도 또 미국인들도 그런 권리들이 모든 인간에게 적용되는 것으로 생각하지 않았다. 그들이 사는 지역 내에 거주하는 모든 인간에게조차 말이다. 모든 인간 본연의 품격에 관한 이러한 고귀한 선언들에도 불구하고, 인간의 권리들에 관한 문제는 민족의 해방 문제와 뒤얽히게 된다는 점이 곧 명백해졌다. 민족이 해방될 때에만 시민의 양도 불가능한 권리들을 보호할 수 있는 정부가 존재할 수 있었다. "무엇보다도 인권이 '양도 불가능한' 것으로 정의될 수 있었던 것은 그것이 모든 정부에서 독립적으로 존재한다고 가정되었기 때문이다. 그러나 인간이 자신만의 정부를 지니지 못하거나 또는 최소한의 권리만을 갖는 상태로 추락하자마자, 어떠한 권위도 인권을 보호하기 위해 남겨져 있지 않고, 또 어떠한 제도도 인권 보장을 바라지 않는다는 사실이 드러났다."[3] 법적 권리와 시민적 권리의 상실로 고통을 겪고 있는 이들의 처지에서는 이런 권리의 상실은 양도 불가능한 권리의 실질적 상실을 의미했다. 보편적이고 양도 불가능하다고 생각된 인권은 그 인권에 기초한 헌법을 갖춘 국가들에서조차 강제적으로 요구될 수 없음이 입증되었고 또 앞으로도 계속 입증될 것이다. 이 점은 이 자체만으로도 거북스러운 것이지만, 여기에는 그 이상의 문제가 존재한다. 양도 불가능한 인권이 과연 무엇인지를 명시하려고 유엔국제연합 같은 국제기구들이 시도했는데도, 이것이 도대체 무엇인지에 대해서는 여전히 분명한 의견 불일치와 혼동이 존재한다. 국제인권운동은

20세기 중반 이래로 엄청나게 발전했다. 지금은 사람들에게서 인권을 박탈하는 만연한 권력남용 문제를 다루는 수많은 국제 또는 국가기관이 존재한다. 그런데도 더욱 심층에는 양도 불가능한 인권을 보장하고 보호하는 방법과 관련해 아렌트가 밝혀낸 문제들이 여전히 존속하고 있다.

　무국적 상태의 독일계 유대인이라는 개인적 경험과 무국적 상태의 개인 및 난민 문제를 매우 중요하게 여긴 생각의 열정적 통합은, 권리를 갖지 못한 자들이 겪는 곤경에 대한 그녀의 예리한 묘사 가운데 절절히 나타난다. "권리를 갖지 못한 자가 겪게 되는 최초의 상실은 고향의 상실인데, 이는 자신들이 태어나 이 세계 안에서 자신들을 위한 분명한 자리를 마련해주었던 사회적 조직 전체의 상실을 의미했다."[4] 역사 전체를 통해 인간은 자신들의 고향에서 뿌리 뽑혀왔다. 그런데 "전례가 없는 것은 고향의 상실이 아니라 새로운 고향을 발견할 수 없다는 점이다. 갑자기, 이주자들이 아주 엄격한 제재를 받지 않고서 갈 수 있는 곳이 이 지구상에서 없어져 버렸고, 그들이 동화될 나라가 없어졌으며, 그들이 자신만의 새로운 공동체를 수립할 수 있는 지역이 없어졌다."[5] 이것이 나치 치하에서 대다수 유럽 유대인이 겪은 일이었다. 그런데 오늘날 이 경험이 자신의 본토에서 일어난 전쟁과 살상 그리고 혼란에서 탈출하려고 애쓰는 전 세계 난민들의 삶 가운데에서 반복되고 있는 중이다. 그들이 자기 나라로 진입하는 것을 막으려는 온갖 종류의 교활한 수단이 현재 사용되고 있다.

　권리를 갖지 못한 자가 겪게 되는 두 번째 상실은 정부의 모든 보호를 상실하는 것이다. 이 또한 전례가 없는 일은 아니다. 처벌받게 되어 자신의 고국으로 강제 송환될 경우 목숨을 위협받는 개인들에게 피난처asylum를 제공하는 것은 오랜 전통이었다. 다만 문제는 오늘날 그런 피난처를 제공하는 국가들조차 그 피난처를 원하는 개인의 숫자에 압도되어버렸다는 점이다. 피난처는 원래 예외적인 각각의 경우를 위해 만들어진 관행이지 대량의 난민을 위한 것이 아니다. 아렌트가 나치 치하의 무국적 난민들에 관해 썼던 내용은 오늘날에 한층 더 충격적으로 느껴진다. 그녀는 자신의 나라를 떠나도록 강요받는 일이 어떤 행위를 했거나 어떤 생각을 했는지와는 대부분 아무런 상관이 없다고 설명했다. 권리를 갖지 못한 자가 직면한 진짜 파국은 그들이 자신의 고국과 정부의 보호를 잃어버렸다는 것만이 아니라, 그들이 더 이상 어떠한 공동체에도 속하지 않게 되었다는 것이다. 아렌트는 나치 독일에서 일어났던 일을 묘사하는 가운데 사람들에게서 권리들을 박탈하는 살 떨리는 "논리"에 대해 다음과 같이 말한다.

권리를 갖지 못한 자의 파국은 그들이 삶, 자유, 행복 또는 법 앞에서의 평등을 추구할 권리 그리고 의견의 자유 — 자신의 공동체 내에서 문제를 해결할 수 있도록 만들어진 형식 — 를 박탈당했다는 점에 있는 것이 아니라, 그들이 더 이상 그 어떤 공동체에도 더 이상 속할 수 없다는 점에 있다. 이러한 곤경은 그들이 법 앞에서 평등하지 않다는 것이 아니라 그들을 위한 어떠한 법도 존재하지 않는다는 것이며, 그들이 억압받고 있다는 것이 아니라 어느 누구도 그들을 억압조차 하려 하지 않는다는 것이다. 다소 긴 과정의 최종단계에 와서만이 그들의 생명권이 위협받는다. 그들이 "잉여적인" 존재로 남게 되었을 때, 어느 누구도 그들을 "요구하지"claim 않을 때, 바로 그때에만 그들의 삶은 위험에 빠지게 된다. 나치들조차 유대인들에 대한 절멸을 시작할 때 먼저 그들에게서 모든 법적 지위2등 시민으로서의 지위를 박탈하고 그들을 게토와 강제수용소로 몰아넣음으로써 그들을 살아 있는 자들의 세계에서 잘라내버렸다. 그리고 가스실을 작동하기 전에 그들은 조심스럽게 상황을 잘 살펴보았고 그 어떤 국가도 이 사람들을 요구하지 않을 것이라는 점을 알게 되고는 만족해했다. 핵심은 생명권에 대한 도전이 발생하기 전에 완전한 권리상실의 조건이 만들어졌다는 점이다.[6]

아렌트는 난민수용소에서 살고 있는 난민 집단의 규모가 점차 증가하고 있다는 사실과 관련해 놀라운 점을 지적한다. 수백만의 사람이 현재 마치 그들이 잉여적 존재인 것처럼 다루어지고 있다는 것이다. 비록 나치 독일이나 스탈린의 소련 같은 전체주의 체제가 더 이상 존재하지 않는다고 해도, 우리는 사람들에게서 모든 권리를 빼앗는 것과 그들에게서 생명 자체를 빼앗는 것 사이에는 아주 가느다란 경계선만이 존재한다는 것을 인정해야 한다. 잉여에 대한 이 전체주의적 "해결책"은 수백만의 사람이 잉여로 여겨지는 세상에서 살고 있는 우리를 여전히 엄습하고 있다.

인권에 대한 근본적 박탈은, 의견을 중요시하고 행위를 효과 있게 해주는 세계 내에서의 자리를 박탈하는 모습으로 무엇보다도 먼저 등장한다. 사람이 태어나서 속하게 되는 공동체에 소속하는 것이 더 이상 선택사항이 되지 않을 때 모든 시민의 권리인 자유와 정의보다 훨씬 더 근본적인 무엇이 위험하게 된다. ……그 어떤 다른 것도 아닌 바로 이 극단성이 인권을 박탈당한 인간의 상황이다. 그들이 박탈당한 것은 자유의 권리가 아니라 행위할 권리이며, 원하는 대로 생각할 수 있는 권리가 아니라 의견을 가질 권리인 것이다.[7]

짧게 말하면, 인권과 양도 불가능한 권리에 대한 호소가 프랑스혁명과 미국혁명에서 중요한 역할을 하긴 했으나, 아렌트는 추상적 인권에 대한 호소에 대해 깊은 의문을 품었다는 것이다. 그 권리를 보장하고 보호할 어떠한 효과적인 제도도 존재하지 않는다는 점에서 말이다. 아렌트는 가장 근본적인 권리가 "권리들을 가질 권리"right to have rights 라고 주장했는데, 이는 권리들이 보장되고 보호되는 어떤 조직적 공동체에 속할 권리를 의미한다. "따라서 특정한 권

미군이 운영하는 관타나모 수용소
비록 나치 독일이나 스탈린의 소련 같은 전체주의 체제가
더 이상 존재하지 않는다고 해도,
우리는 사람들에게서 모든 권리를 빼앗는 것과
그들에게서 생명 자체를 빼앗는 것 사이에는
아주 가느다란 경계선만이 존재한다는 것을 인정해야 한다.

리의 상실이 아니라, 여하한 종류의 권리라도 보호할 의지와 능력을 갖춘 공동체의 상실이 점차 증가하는 수많은 난민에게 발생한 파국이다. 인간은 인간으로서 자신의 본질적 자질, 즉 인간적 품격을 상실하지 않고서도 소위 인권이라는 모든 권리를 상실할 수 있음이 드러난다. **정치체 자체의 상실만으로도 인간은 인류에게서 축출될 수 있다.**"[8]

권리를 가질 권리, 즉 자신의 시민을 지키고 보호하는 공동체, 개인들이 의견을 피력하고 나눌 수 있으며 또 동료 인간들과 더불어 집단적으로 행위할 수 있는 공동체에 속할 권리에 관한 이러한 구절들에서 우리는 아렌트의 정치적 사유의 주요 주제들이 어디서 기원하는지를 알아차릴 수 있다. 그녀는 복수성, 행위, 언어, 공적 영역, 권력위임empowerment 그리고 공적 자유 등, 인간이 자신의 완전한 인간성을 표현할 수 있는 정치를 구성하는 개념의 그물망에 대한 탐구를 예견한다. 그녀는 그런 정치공동체에 사는 것이 무엇을 의미하는지에 대해 다시, 또다시 되돌아가곤 한다.

『전체주의의 기원』에서 아렌트는 전체주의 체제가 달성하려고 애썼던 총체적 지배를 분석해 이 주제들로 돌아간다. 전체주의의 "공포에 집중"함으로써 또 전체주의 체제가 인간 내부의 그 무엇을 파괴하려고 애썼는지를 검토함으로써 아렌트는 우리의 인간성을 표현하기 위해 필요한 것이 무엇인지에 대한 깊은 인식에 도달한다. 총체적 지배의 의미를 다루면서 아렌트는 "모든 것이 가능하다는 전체주의의 근본적 신념이 진실임을 입증하는 실험실로" 강제수용소와 죽음의 수용소가 "활용되었다"[9]고 주장하면서 자신의 분석을 시작한다. 전체주의 체제는 인간의 무한한 복수성과 차별화의 파괴를 목표로 하고 있다. "그 수용소들은 민족을 절멸하고 인간의 격을 떨어뜨리기 위해서만 의도된 것이 아니라, 특정하게 과학적으로 통제된 조건 하에서 인간적 행동의 표현인 자발성 자체를 제거해, 인간 개인을 단순한 사물로 변형하는 소름 끼치는 실험을 수행하기 위한 의도로 만들어진 것이다."[10] 아렌트는 총체적 지배 "논리"를 3단계 모델로 설명한다. 이런 일은 인간에게서 법적 권리를 박탈할 때 벌어진다. 이것은 나치가 "최종 해결책"을 시행하기 오래전에 시작했던 정책이다. 악명 높은 뉘른베르크 법은 유대인 및 다른 "바람직하지 않은 자들"에게서 그들의 권리를 체계적으로 박탈했다. 강제수용소에서는 어느 누구도 그 어떤 권리도 갖추지 못했다. 인간에게서 법적 권리를 박탈하는 것은 총체적 지배 논리의 시작단계에 불과할 뿐이다.

살아 있는 시체를 준비하는 두 번째 단계는 도덕적 인격의 살해다. 이것은 심지어 순교도 불가능하게 될 때 발생한다. 양심적 결정조차 불가능하게 되었을 때 총체적 공포는 최고조에 이른다.

어떤 사람에게 자신의 친구를 속여서 살해하기 또는 자신이 모든 책임을 지는 자신의 아내와 아이를 죽음의 지경으로 내몰기, 이 양자 가운데 택일하라고 할 때, 심지어 자살하면 자기 가족도 곧바로 살해된다고 할 때, 그는 어떤 선택을 해야 하는가? 그 선택은 더 이상 선과 악 사이의 선택이 아니라 살인과 살인 사이의 선택이다. 나치에게 자신의 세 아이 가운데 누구를 죽일 것인지를 선택할 수 있도록 허락받은 그리스인 엄마가 처한 도덕적 딜레마를 누가 해결할 수 있는가?[11]

그러나 이것은 아직 최악의 것이 아니다. 총체적 지배의 이러한 "논리"에는 세 번째 단계가 아직 남아 있다. 법적 인격의 살해와 도덕적 인격의 살해를 겪은 이후에도 여전히 인간이 살아 있는 시체가 되지 않게 해주는 한 가지가 인간의 자발성과 개인적 차별성이다. "도덕적 인격의 살해와 법적 인격의 절멸 이후에는 개성의 파괴가 거의 항상 성공한다. ……왜냐하면 개성을 파괴하는 것은, 어떤 새로운 것, 즉 환경과 사건에 대한 반응에 기초해서는 설명할 수 없는 어떤 것을 자기 자신의 원천에서부터 시작하는 인간의 힘, 즉 자발성을 파괴하는 것이기 때문이다."[12] 전체주의의 궁극적인 목표는 인간을 잉여적인 인간으로 만드는 것이다. "따라서 전체주의 이데올로기가 목표로 하는 것은 외부 세계의 변형이나 사회의 혁명적 변성이 아니라 인간 본질 자체의 변형이다."[13] 아렌트가 초점을 맞춘 인간의 자발성, 개성 그리고 복수성의 제거—인간을 "살아 있는 시체"로 체계적으로 변형하기—는 죽음의 수용소에 있었던 '무슬림'을 떠올리게 한다. 프리모 레비[Primo Levi, 1919~87]는 자신이 아우슈비츠에서 경험했던 이 현상을 생생히 묘사한다.

그들의 삶은 짧지만 그 숫자는 끝이 없고, 그들은 무슬림[14]이고 익사자들이며, 수용소의 중추를 형성하고, 익명의 군중이며, 끊임없이 갱신되고, 침묵 속에서 행진하고 노동하는 비인간들과 항상 동일하며, 그들의 내면에는 신적 불꽃이 죽어 있고, 이미 너무나 공허해 진정으로 고통을 느끼지 못하는 자들이다. 사람들은 그들이 살아 있다고 부르기를 주저한다. 그들은 죽음에 직면해서도 죽음을 이해하기에는 너무나 피곤한 상태에 있기 때문에 죽음에 대한 아무런 공포를 품고 있지 않아, 사람들은 그들의 죽음을 죽음이라고 부르기를 주저한다. 얼굴 없는 그들의 현존이 내 기억을 채우고 있기에, 만일 우리 시대의 모든 악을 하나의 이미지에 포함시키려 한다면 나는 내게 친숙한 이 이미지를 선택할 것이다. 한 여윈 인간, 머리를 떨어뜨리고 어깨는 굽어진, 그의 얼굴 위에 그리고 그의 눈에는 단 하나의 생각의 자취도 보이지 않는 인간.[15]

비록 아렌트는 "무슬림"이라는 표현을 사용하지는 않았지만, 이 "살아 있는 시체"가 전례 없는 형태의 절대악 또

**1944년 5월(또는 6월)에 아우슈비츠 수용소에 막 도착한 유대인 중
가스실로 보낼 이들을 '선별'하는 나치 장교**
악명 높은 아우슈비츠 수용소에서 생존한 프리모 레비는
그곳에서 벌어진 인간 본질 자체의 변형을 증명했다.
자발성, 개성 그리고 복수성이 제거된 인간은 살아 있는 시체와 다름없었다.

는 근본악을 축약적으로 보여주었다고 생각했다. 우리는 그 무엇에 의지해도 압도적 현실에 직면하게 하고 우리가 아는 모든 기준을 붕괴시키는 이러한 현상을 이해할 수 없다. "여기서 알아차릴 수 있는 것은 오직 한 가지다. 모든 인간이 똑같이 잉여적으로 되는 체제 때문에 근본악이 등장했다고 말할 수 있다는 점이다."[16] 총체적 지배에 대한 아렌트의 분석은 잉여적인 무국적 난민이라는 새로운 범주의 등장에 대한 그녀의 염려와 밀접하게 연결된다. 그녀는 총체적 지배에 대한 논의를 하나의 경고와 더불어 결론짓는다. 이는 오늘날 우리가 가장 주의를 기울여 받아들여야 하는 경고다.

시체공장의 위험과 망각의 함정은, 오늘날 우리가 우리의 세계에 대해 공리주의적 관점에서 계속 생각하려 할 때 인구가 증가하고 또 도처에서 고국을 잃어버린 자들이 넘쳐나는 이 상황에서 대중은 끊임없이 잉여적 존재로 전락하게 된다는 점이다. 모든 곳에서 벌어지고 있는 정치적·사회적·경제적 사건들은 은밀한 음모 속에서 인간을 잉여적으로 만들기 위해 고안된 전체주의적 도구들을 사용하고 있다. ……나치와 볼셰비키들은 과도한 인구의 문제, 즉 경제적으로 잉여적이고 사회적으로 뿌리를 상실한 인간 군중의 문제에 대한 가장 신속한 해결책임이 입증된 자신의 절멸공장이 경고의 대상이 될 만큼이나 매력적이라는 점을 확신했을 것이다.[17]

『전체주의의 기원』에서 가장 불편한 문장은 「총체적 지배」라는 장의 마지막 문장이다. "전체주의적 해결책들은 전체주의 정권의 몰락 이후에도 인간에게 가치 있는 방식으로 정치적·사회적 또는 경제적 고통을 완화하는 일이 불가능해 보일 때면 언제나 나타날 강한 유혹물의 형태로 살아남을 것이 당연하다."[18] 사유는 명료한 구분을 요구한다고 항상 강조했던 아렌트는 전체주의가 전례 없던 운동이고 체제이므로 이를 권위주의적 정부나 독재 또는 참주제와 혼동해서는 안 된다고 주장했다. 역사상 그 어떤 체제도 개성과 자발성, 복수성 같은 인간성의 흔적을 모두 파괴하기 위한 체계적인 총체적 지배를 이와 비슷하게라도 기획한 적이 없었다. 그 어떤 체제도 인간을 인간이 아닌 어떤 사물로 변형하려고 했던 적이 없었다. 모든 역사에 걸쳐 대량학살과 민족근절이 있기는 했다. 그러나 아렌트가 전체주의의 특징으로 포착했던 것은, 무엇이든 가능하다는 것을 보이기 위해, 인간 본성 자체를 변형하려는 체계적 시도였다. 국가 형태로서의 전체주의는 나치의 패배와 소련의 붕괴로 끝났을 수 있지만, 그러나 전체주의적 "해결책"은 강한 유혹이 되어왔고 또 그런 모습으로 계속해서 존재할 것이다. 우리는 이 점을 전체주의 체제의 붕괴 이후에 일어난 대량학살과 고문의 사용(및 그 정당화)에서 목격할 수 있다. 무국적 상태의 인간과 난민이 전 세계적으로 계속 증가하고 있다는 점과 그들이 마치 잉여적 존재인 것처럼 다루어지는 모습에서, 우리는 권리를 가질 권리를 파괴하는 것과 생명 자체를 파괴하는 것 사이에는 무너지기 쉬운 선만이 존재하고 있을 뿐이라는 아렌트의 경고를 심각하게 받아들여야 한다.

충성에 근거한 반대

아렌트의 시온주의 비판

1933년에 독일에서 탈출했을 당시 아렌트는 자기 친구와 지인이 어떻게 나치를 관용하거나 협조하는지 그 방식을 보며 크게 실망했다. 동조하기Gleichschalltung는 지식인 사이의 규칙이었다. 그녀는 이를 역겹게 여겼기 때문에, 독일을 떠나자마자 나치에 반대하는 활동을 하기로 결심했다. 그녀는 유대인으로서 무엇을 할 것인지 스스로 물었다. "유대주의에 속하는 것은 내 자신의 문제가 되었고, 내 자신의 문제는 정치적인 것이었다. 순수하게 정치적인! 나는 정치적인 일, 전적으로 오직 유대인의 일로 들어가길 원했다. 따라서 나는 이런 생각을 염두에 둔 채 프랑스에서 일을 찾았다."[1] 아렌트는 어떤 시온주의 정당에도 가입한 적이 없었으며, 팔레스타인으로 돌아가는 알리야[2]가 될 것을 고려하지도 않았다. 그러나 파리에서 살았을 때 아렌트는 위험에 빠진 유럽 유대인 청년들을 팔레스타인으로 보내는 기관인 '청년 알리야'를 위해 일했다. 1935년에는 심지어 청년 알리야 수련생 집단을 데리고 팔레스타인으로 가는 일을 맡기도 했다. 아렌트가 시온주의자들을 위해 일했던 것은 그들이 유대인 파브뉴[3]나 동화주의자와는 달리 히틀러와 나치에 반대하는 정치적 활동을 했기 때문이었다.

1930년대에 아렌트는 저명한 시온주의자였던 테오도르 헤르츨Theodor Herzl, 1860~1904이나 차임 바이즈만Chaim Weizmann, 1874~1952보다는 덜 유명했던 베르나르 라자레Bernard lazare, 1865~1903의 영향으로 시온주의에 관심을 두게 되었다. 라자레는 드레퓌스 사건[4]의 보도와 관련된 인물로, 조작된 거짓말에 반대하며 드레퓌스를 옹호했다. 라자레는 아렌트가 "유대인 패리아[5]의 숨은 전통"이라고 불렀던 사람들에 속했다. 이 전통에는 하인리히 하이네Heinrich Heine, 1797~1856, 찰리 채플린Charlie Chaplin, 1889~1977, 채플린은 유대인이 아니었으나 코믹한 유대인 패리아 심성의 전형이었다, 라자레와 프란츠 카프카Franz Kafka, 1883~1924가 속한다. 라자레의 특징은 그가 "의식적 패리아"라는 점에 있었는데, 그는 유대

왼쪽부터 테오도르 헤르츨, 차임 바이즈만, 베르나르 라자레
아렌트는 라자레의 영향으로 시온주의에 관심을 두게 되었다.
그는 드레퓌스 사건이 벌어졌을 때 적극적으로 드레퓌스를 옹호한 인물로,
유대민족이 부정의와 싸우며 억압받는 집단과 연대해야 한다고 주장했다.
아렌트는 이런 라자레를 '유대인 파리아'라고 불렀다.

민족이 부정의와 싸우며 억압받는 집단과 연대해야 한다고 믿었던 반란자였다.

드레퓌스 사건이 일어난 당시에 프랑스에서 살았던 라자레는 유대인 실존이 지닌 패리아 특성을 직접적으로 살펴 알 수 있었다. 그리고 그는 해결책이 어디에 존재하는지 알았다. 자신의 패리아적 지위를 자동적으로 또 무의식적으로 수용한 해방되지 않은 형제들과는 반대로, 해방된 유대인들은 깨어서 자신의 지위에 대해 각성하고 의식해 그것에 저항하는 반란자, 즉 억압받는 민족의 챔피언이 되어야 한다는 것이다. 자유를 위한 그의 투쟁은 유럽의 모든 짓밟힌 자가 민족적·사회적 해방을 달성하기 위해 벌여야만 하는 일의 핵심이다.[6]

아렌트 자신부터 라자레의 전통 가운데 서 있었던 "의식적 패리아"였다. 그녀 역시 정의와 자유를 위해 싸우기 위해서는 다른 사람들과 연대해야 한다고 생각했다. 이것이 그녀가 시온주의자들과 함께 일하기로 한 근본적 결심의 주된 이유였다. 그런데 1940년대에 와서 상황이 변화되었다. 나치의 유대인 대량학살이 상세히 드러나자 곤경에 빠진 유럽 유대인들에 대한 동정심이 국제적으로 점차 강해졌다. 이와 동시에 국제연맹을 통해 팔레스타인 지역에 대한 통치권을 부여받았던 영국인들은 유대인과 아랍인이 일으킨 혼란과 테러와 폭동에 직면하고 있었다. 그들은 통치권을 포기하고 팔레스타인 지역에서 빠져나오기를 갈망하고 있었다. 시온주의자들은 이 상황을 유대인 국가를 건설할 기회로 여겼다.

시온주의자들이 행한 선언들에서 아렌트가 경각심을 느꼈던 부분은 그들이 점차로 아랍 문제, 즉 팔레스타인에 거주하는 다수민이 유대인이 아니라 아랍인이라는 사실을 무시했다는 것이다. 아렌트는 이에 대한 자신의 의견을 가능한 가장 강력한 언어로 표현하는 데 결코 주저하지 않았다. 시온주의자들이 1942년에 발표한 선언에 따르면 팔레스타인 거주 유대인들은 다수 인구자^{아랍인}에게 소수자 권리를 부여할 것을 주장했는데, 아렌트는 여기에 대해 목소리를 높여 반대했다. 최초의 알리야가 팔레스타인으로 이주한 이래로 50년 동안 시온주의자들은 팔레스타인 내의 유대인-아랍 관계의 폭발적인 문제들을 무시했고 모호하게 했으며 억압했다고 아렌트는 주장했다. 시온주의에 대한 아렌트의 가장 날카로운 비판은 미국 시온주의자들이 1944년 10월에 연 회의에서 만장일치로 채택(하고 이후 세계시온주의기구가 추인)한 결의안에 대한 것이었다. 이 결의안은 "자유롭고 민주적인 유대인 국가commonwealth"의 설립을 촉구했다. "이 국가는 분리하지 않고 축소하지 않은 팔레스타인 전체를 포함한다."[7] 아렌트에게 이것은 최후의 결정타였다. 이것은 시온주의 역사에서 결정적인 전환점이었는데, 이때 온건한 시온주의자들은 강경한 극단적 수정주의자들[8]에게 완전히 굴복했던 것이다.

아렌트가 쓴 글 「시온주의 다시 생각하기」는 유대인 또는 시온주의 주제에 대해 그녀가 썼던 그 어떤 글보다 더 격렬하게 그 결의안을 비난했다. 아렌트는 아이러니, 냉소, 조롱, 명백한 거부 같은 그녀의 모든 수사적 기법을 다 사용했다. 그녀의 격렬함은 가장 극단적 시온주의 이데올로기에 대한 분노와 실망에서 촉발되었다. 「시온주의 다시 생각하기」에 쓰인 언어는 너무나 선동적이어서 유대계 지식인 잡지인 『코멘터리』Commentary는 그 글의 게재를 거부했다. 그 글은 결국 『메노라 저널』Menorah Journal에 실렸다.

그녀는 자신의 목소리가 소수자의 목소리에 불과하고 자신의 논쟁적 의견이 다른 사람의 큰 목소리에 파묻혀버릴 것을 알았지만, 이것이 그녀를 막아 세우진 못했다. 대부분 시온주의자가 아랍-유대인 문제의 실체를 직면하기 거부했던 때 아렌트는 그에 대한 정직하고 올바른 토론을 원했다. 그녀가 종종 즐겨 사용하곤 했던 인용문인 "승리의 원인은 신들을 기쁘게 하지만, 패배의 원인은 카토를 기쁘게 한다."victrix causa diis placuit, sed victa Catoni 라는 말이 그녀의 모토가 되었다. 이 구절은 아렌트에게 특별한 의미가 있었다. 승리의 원인은 신들을 기쁘게 할 뿐 아니라, 역사가들 —특히 근대 역사가들— 이 역사에서 "승리의" 원인과 운동을 강조하게 하는 과도한 편견을 품게 했다. 아렌트의 사유에 큰 영향을 미친 베냐민과 마찬가지로 아렌트 자신도 이런 편견, 즉 역사를 "진보"의 승리로 여기는 편견에 비판적이었다.

아렌트는 "충성에 근거한 반대자"가 되겠다는 생각으로 자신이 동의하지 않음을 피력하는 것은 결국 침묵만을 강요받게 될 뿐이거나 또는 배신자로 저주받게 될 뿐이라는 것을 직접적인 경험을 통해 알았다. 아이히만 논쟁이 있기 훨씬 전에 아렌트는 라자레와 마찬가지로 자기 자신의 민족 내에서 패리아가 되었다. 그녀는 시온주의자들이 극단적 수정주의로 향하는 것에 거북해했을 뿐만 아니라 이데올로기적 일치를 요구하는 압박이 점증하는 것에 대해서도 거북해했다. 이데올로기적 일치—공동의 세계에 대한 서로 다른 관점들을 하나의 이데올로기의 유일한 "진리"로 대체하는 것—를 추구하는 것은 현대 사회의 가장 불길한 경향이다. 이는 전체주의운동이 공포심을 이용해 "완성"하려 했던 경향이었다. 유대인과 아랍인 사이의 적대관계가 발생하기 이전에 썼던 「유대인 조국을 구하기 위해」라는 글에서 아렌트는 다음과 같이 말했다.

만장일치의 의견이란 아주 불길한 현상이며 우리의 근대적 대중 시대의 특징 가운데 하나다. 그것은 우리가 서로 본질적으로 다르며 신념 또한 다르다는 사실에 기초를 둔 사회적 삶과 개인적 삶을 파괴한다. 다른 의견을 지니고 있다는 점 그리고 동일한 문제에 대해서도 다른 사람들은 다르게 생각한다는 것을 의식한다는 점은 모든 토론을 중단시키고 사회적 관계들을 무의미하게 하는 신적 확실성에서 우리를 보호한다. 만장일치를 이룬 여론은 다른 생각을 품은 사람을 신체적으로 제거하는 경향을 지니는데, 왜냐하면 대중의 일치는 동의의 결과가 아니라 광신과 병적 흥분히스테리의 표현이기 때문이다. 동의와는 대조적으로 만장일치는 어떤 잘 입증된 반대에도 불구하고 멈추질 않고 전염병처럼 모든 관련 이슈로 파급된다.[9]

아렌트의 적극적 정치관과 공적 자유 개념을 상세히 논의할 때 우리는 이러한 대립과 의견의 복수성에 대한 논쟁이 그녀의 정치이해에서 얼마나 중심적인지를 보게 될 것이다. 그러나 여기서 내가 강조하고 싶은 것은 정치에 대한 그녀의 생각이 시온주의의 이데올로기적 만장일치를 따르지 않은 의견 불일치 경험에 어떻게 기초하고 있는가 하는 점이다.

아렌트가 옹호한 것은 팔레스타인에 있을 유대인의 조국homeland이지 유대인의 국민국가가 **아니었다.** 유대인의 조국이란 유대인의 문화가 성장하고 번성할 수 있는 곳, 유대인들이 아랍인들과 연합 국가를 만들어 함께 사는 법을 배우는 곳, 모든 시민이 동등한 권리를 가질 수 있는 곳을 말한다. 당시의 대부분 시온주의자에게 이것은 하나의 어리석은 유토피아적 대안이었을 뿐 아니라 배신행위였다. 그들은 유대인 국민국가를 건설한다는 시온주의적 꿈에서 벗어난 다른 대안을 생각하지 않았다. 그런 유대인 국가의 건설은 유대인과 아랍인에게서 모두 전투적 민족주의를 조성할 것임을 아렌트는 예견했다.

1947년 11월 29일에 새롭게 수립된 유엔 총회는 표결을 통해 팔레스타인 분할에 찬성했다. 과거 국제연맹을 괴롭혔던 문제가 또다시 유엔을 괴롭힐 예정이었다. 그 같은 분할이 어떻게 제도화되고 강제될 것인지에 대한 어떤 명백한 징후도 존재하지 않았다. 투표가 종료된 직후 팔레스타인의 유대인들과 다수의 아랍 적국 사이에 전쟁이 발발했다. 아렌트는 팔레스타인의 아랍인과 유대인 사이에 벌어진 폭동과 폭력의 긴 역사를 전적으로 인지하고 있었고, 실제로 투쟁이 여전히 격렬했던 1948년에 다음과 같은 글을 썼다. "아랍-유대인 협력이라는 이상은 어떤 모양으로도 실현된 적이 없었고 또한 지금도 이전보다 더 나빠질 것 같은 모양새이지만, 그런데도 이것은 이상주의적 백일

**1947년에 11월 27일에 유엔에 모여 지도를 펼쳐놓고
팔레스타인 분할을 논의하는 유대인기구(the Jewish Agency) 대표단**
사진이 찍히고 이틀 뒤인 11월 29일에 열린 유엔 총회는
표결을 통해 팔레스타인 분할에 찬성했다.
투표가 종료된 직후 팔레스타인의 유대인들과
다수의 아랍 적국 사이에 전쟁이 발발했다.

몽이 아니다. 이것이 없다면 팔레스타인에서의 유대인의 모험적인 사업들은 수포로 돌아갈 것이라고 냉정히 선언한다."[10] 아렌트는 주로 지성인들(마르틴 부버Martin Buber, 1878~1965를 포함)로 구성된 작은 정당 이후드통합를 이끌고 있었던 히브리대학교 총장 유다 마그네스Judah Magnes, 1877~1948의 생각에 공감을 표했다. 아렌트는 유대인과 아랍인이 함께 살아가는 통합된 국가에 대한 그들의 비전을 공유했다. 유대인과 아랍인 사이에 전쟁이 발발하고 그 결과가 여전히 불투명할 때에도, 아렌트는 만약 유대인이 그 전쟁에서 승리한다면 어떤 일이 일어날 것인지에 대해 냉담하게 예견했다.

그리고 비록 유대인들은 전쟁에서 승리한다고 해도 그 결과 팔레스타인에서 시온주의의 독특한 가능성과 독특한 성취가 파괴되었음을 발견하게 될 것이다. 그렇게 존재하게 될 나라는 시온주의자와 비시온주의자 등 모든 유대인의 세계라는 꿈과는 아주 다른 무엇이 될 것이다. "승리한" 유대인들은 전적으로 적대적인 아랍인들에게 둘러싸인 채, 그 어떤 때보다 더 위협받는 국경 내에 격리

된 채, 물리적 자기방어에만 몰입해 다른 모든 관심과 활동은 잠식당한 채 살아가게 될 것이다. 유대인 문화의 성장은 모든 사람의 관심에서 멀어질 것이다. 사회적 실험은 비실제적 사치들로 여겨져 버려질 것이다. 정치적 사유는 군사전략에 중점을 두게 될 것이다. 경제적 발전은 전적으로 전쟁의 필요로 결정될 것이다. 그리고 이 모든 것은 한 민족의 운명이 될 것이다. 그 민족이 아무리 많은 이주자를 흡수한다고 해도, 또 그 민족이 그의 변경(팔레스타인과 트랜스 요르단 전체를 포함하겠다는 것은 미친 수정주의자들의 요구다)을 아무리 넓게 확대한다고 해도 여전히 적대적 이웃들에게 수적으로 크게 압도된 아주 작은 민족으로 남아 있게 될 것이다.[11]

앞으로 어떤 일이 일어날 것인지에 대해 이처럼 비극적인 전망을 남긴 아렌트가 여전히 어떤 일이 가능할 것이라고 말할 수 있었을까? 그녀는 유엔이 "전례 없는 상황이지만 전례 없는 조치를 취할 용기, 즉 아랍–유대인 협력을 진지하게 믿었던 경력 때문에 현재 고립상태에 빠진 유대인들과 아랍인 개인들에게로 나아가 정전을 협상하도록 요청할 용기를 낼"[12] 것을 권했다. 아렌트는 팔레스타인을 두 개의 국민국가로 나누는 것을 권하지 않았다. 그녀는 국민국가가 (국민과 국가의 내적 긴장 때문에) 현실적인 해결책이 되지 않는다고 지속적으로 주장했다.

그러면 아렌트가 제시한 대안은 무엇이었는가? 국민국가에 대한 대안은 더 이상 이론적 문제가 아니라 실질적 긴급성을 지닌 문제였다. 여기서 우리는 아렌트의 대안—그녀가 나중에 평의회 체제라고 부른—에 대한 최초의 설명을 발견하게 된다. 아그네스와 이후드의 제안이라고 분명히 언급한 뒤 아렌트는 다음과 같이 썼다.

최근에 마그네스 박사도 동의한 연방제 국가라는 대안적 제안이 훨씬 더 현실적이다. 그것은 서로 다른 두 민족의 공동정부를 설립한다는 사실에도 불구하고 그 정의상 해결책이 될 수 없는, 문제가 많은 다수자-소수자 병합의 상황을 피하게 된다. 더욱이 연방제 구조는 아랍-유대평의회들에 의존해야만 하는데, 이는 아랍-유대 갈등이 근접성과 이웃됨의 가장 낮은 단계이자 가장 해소 가능성이 높은 단계에서 해결된다는 것을 의미한다.[13]

당시에 지배적이었던 신경증적 분위기에서 지역 아랍-유대평의회들에 기초한 연방제 국가 제안은 시온주의자들에게 "등에 칼 꽂기"라며 공격받게 될 것임을 아렌트는 알았다. 하지만 그녀는 이것이 유대인 조국이라는 이상을 구현하는 유일한 "현실적" 방법이라고 강력하게 주장했다. 유대인 국민국가를 건설하겠다는 전 세계 유대인 공동체들의 압도적으로 일치된 의견과 열정에 대항해 아렌트는 "충성을 위한 반대자"의 일원을 자처했다. 그녀는 팔레스타인에서의 아랍-유대인 문제를 현실적으로 해결하기 위한 일련의 구체적 조건들을 정리하면서 「유대인 조국을 구하기 위하여」의 결론을 맺는다. 그녀의 마지막 제안은 지역평의회에 기초를 둔 연방제 국가 구상으로 요약된다. "지역 자치정부 및 가능한 한 많은 수의 소규모 도시 및 지역 아랍-유대평의회만이 팔레스타인의 정치적 해방으로 결국 귀결될 수 있는 유일한 **현실적인** 정치적 조치다. 이는 아직도 너무 늦은 것이 아니다."[14]

불행하게도 그것은 너무 **늦었다.** 아렌트의 말을 심각하게 고려한 주요 집단은 존재하지 않았다. 유대인과 아랍인이 직접 협상해 협조할 길을 찾지 않는다면 그 지역에는 결코 평화가 없을 것이라고 한 아렌트의 선언을 누구도 경청하려고 하지 않았다. 카토와 마찬가지로 아렌트는 자신이 실패한 원인을 변호하고 있을 뿐임을 깨달았다. 이 문제들에 관해 글을 썼던 1940년대 이래로 중동에는 수많은 변화가 일어났는데, 그녀의 관찰과 경고는 여전히 중요한 적실성을 갖추고 있다. 그녀는 지속되고 있는 심층적 문제들과 미해결 과제들에 대해 특별히 민감했다. 또한 모든 의견 불일치를 무시하고 잠재우려는 만장일치의 재앙적 위험을 통찰했다. 유대인 국민국가인 이스라엘이 이스라엘 내 아랍인의 권리와 시민권 문제—1967년 요르단 서안지구West Bank 점령으로 격화된 문제—로 얼마나 지속적인 괴롭힘을 겪게 될 것인지에 대해서도 경고했다. 지난 70여 년간 미해결된 이스라엘-팔레스타인 분쟁의 역사를 고려할 때, 미래에 어떤 일이 일어날 것인지—특히 이 지역에서 아주 일반적으로 일어났던 소요의 관점에서—는 어느 누구도 예측할 수 없을 것이다. 그러나 한 가지는 절대적으로 명백하다. 아렌트가 그토록 명민하게 지적했던 문제들을 정직하게 직면하려고 시도하지 않는다면, 중동에서는 평화 비슷한 그 어떤 것도 존재할 수 없을 것이라는 점이다.

인종주의와 분리

아렌트는 평생 여러 차례 뜨거운 논쟁에 관련되었다. 좋건 나쁘건 간에 아렌트는 자신의 의견을 가능한 한 강한 어조로 표현하며 신경을 자극했고 격렬한 논쟁을 촉발했다. 그녀는 종종 통찰력이 넘쳤지만, 그러나 때때로 둔감하게 자기 스스로도 지식인이 저지르는 최악의 죄라고 여겼던 일 — 현실의 복잡성에 민감하게 반응하지 않고 자기 자신의 기준을 세계에 강요하는 일— 을 범하기도 했다.

1950년대 『인간의 조건』을 출간한 직후 공공지식인으로서 유명해지기 시작했을 때, 그녀는 「리틀록Little Rock에 대한 성찰」이라는 글을 발표해 격렬한 논쟁을 불러일으켰다. 1954년 미국 연방대법원은 '브라운대학교 토피카교육위원회' 재판에서 이정표가 될 판결을 내리는데, 공립학교에서 흑인과 백인을 분리해 교육하는 것이 미국수정헌법 제

14조를 위반한 것이라는 내용이었다. 통합 결정과 조치는 미국 남부의 전체 주에서 강력한 저항을 불러일으켰다. 학교에 등교할 법적 권리가 생긴 14세 흑인 여아인 엘리자베스 엑포드Elizabeth Eckford, 1941~ 는 1957년 9월 4일에 리틀록 센트럴고등학교에서의 첫날을 맞이하기 위해 집을 나섰다. 아칸소의 주지사는 엘리자베스와 다른 이들의 등교를 막으려고 총검으로 무장한 주 방위군을 투입했다. 소리를 지르는 백인 폭도들의 위협 속에서도 당당한 모습을 하고 있는 엘리자베스의 사진이 전 세계 신문에 실렸다. 이 사진은 큰 충격을 주었고, 미국에서의 흑인에 대한 깊은 증오와 추악한 차별을 보여주는 상징적 이미지가 되었다. 이 일이 있은 지 얼마 되지 않아『코멘터리』편집자가 아렌트에게 리틀록에 대한 글을 써달라고 요청했다. 그녀가 제출한 글이 너무나 선동적이고 공격적이라고 판단한 편집자는 시드니 훅Sidney Hook, 1902~89이 그 글에 대해 쓴 답장을 함께 실으려고 했다. 아렌트는 게재를 거부했으나, 학교 통합에 대한 저항이 계속되자 1959년에 머리말을 추가하고『디센트』Dissent라는 잡지에 게재하는 데 동의했다.

아렌트는 공립학교에 대한 연방정부의 통합교육 강요

백인 폭도들의 위협을 무시하고 등교 중인 엘리자베스 엑포드
아렌트는 이 사건을 두고 「리틀록에 대한 성찰」이라는 글을 썼는데,
공립학교에 대한 연방정부의 통합교육 강요를 강력히 반대함으로써
격렬한 논쟁을 불러일으켰다.

를 강력하게 반대했다.『인간의 조건』에서 상세히 논한 범주들을 사용해 아렌트는 정치적인 것, 사회적인 것 그리고 사적인 것을 예리하게 구분했다. 그녀는 사회적 차별을 정치적 수단으로 불법화해서는 안 된다고 주장했다. 가령 백인 학부모가 자신의 자녀들을 백인 아동들만 있는 학교에 보내길 원할 때 정부는 그것을 방해할 어떠한 권리도 없다는 것이다. "정부는 사회적 차별에 대해 어떠한 조치도 합법적으로 취할 수 없다. 왜냐하면 정부는 평등—사적 영역에서는 획득될 수 없는 원리—의 이름으로만 행위할 수 있기 때문이다."[1] 게다가, "정부는 사회의 편견과 차별적 관행에 개입할 권리가 없다. 이런 관행들이 법적으로 강제되지 않도록 하는 것은 권리일 뿐 아니라 의무이기도 하다."[2] 심지어 그녀는 흑인 부모들이 자기 아이들을 어른들의 정치싸움에 이용하고 있다고 암시하기까지 했다. 그녀는 교육은 사적인 문제이어야 하며 (의무적인 공적 교육을 부과하는 경우를 제외하고는) 정부는 자신의 자녀를 어떻게 교육시킬 것인지에 대한 부모의 결정을 방해해서는 안 된다고 생각했다. 그리고 끝으로, 그녀는 연방정부와 주정부 사이의 권력균형이라는 개념에 근거해 주의 권리라는 이념을 옹호했다. 당시에 남부의 많은 정치가가, 공립학교에서의 분리교육을 **강제할** 수 있는 주정부의 권리를 방해할 **어떠한** 권리도 연방정부에는 없다고 주장했다. 따라서 아렌트는 미국에서 흑인에 대한 적대적인 정치적·경제적·사회적 차별의 재앙적 귀결을 이해하는 데 실패했다. 그녀는 어떻게 "주정부의 권리"가 흑인들에 대한 모든 종류의 추악한 차별적 관행을 강제하도록 오용되어왔는지를 이해하는 데 실패한 것이다.

아렌트는 자신의 의견을 한번 세우면 그것을 번복하는 경우가 거의 없었다. 그러나 이번 사안에 관해서는 저명한 흑인 작가인 랄프 엘리슨Ralph Ellison, 1913~94이 아렌트가 "아무런 인정도 받지 못하고 진정한 지위를 얻지 못한 채 사회생활을 해야 하면서도 그 사회의 이상적 모습에 관심을 품고 참여하며 자신의 뜻을 실현하려고 노력하는 사람들, 사회 내에서 자신의 참된 지위와 올바른 지위를 확정해내기 위해 애쓰는 사람들"의 경험을 이해하는 데 실패했다고 비판했을 때 그녀는 자신의 오판을 인정했다. 엘리슨은 남부의 흑인들이 희생을 통해 성취하려는 이상을 아렌트가 이해하지 못했다고 비판했다. "남부의 흑인들이 품었던 이상의 중요성을 파악하지 못함으로써 아렌트는 「리틀록에 대한 성찰」에서 흑인 부모들이 학교 통합을 위해 투쟁하는 가운데 자기 자녀들을 착취했다고 비판하는 좌파 진영의 논리에 빠지게 되었다. 흑인 부모들이 적대적인 사람들의 행렬 사이로 자기 아이들을 등교시켰을 때 어떤 마음이었을지에 대해서는 아무런 생각도 하지 않았던 것이 확실하다."[3] 아렌트는 엘리슨의 논평을 읽고 자신을 방어하지 않았다. 대신 그녀는 엘리슨에게 자신의 잘못을 인정하는 편지를 썼다. "내가 이해하지 못했던 것은 바로 이러한 희생의 이념"이다. "강력한 폭력의 요소, 그 상황에서 느끼는 기초적인 신체적 공포"를 파악하지 못했다는 것이다.[4]

아렌트가 엘리슨과의 사적 서신을 통해 소통하면서 자신의 오판을 인정하긴 했으나 「리틀록에 대한 성찰」을 향한 매서운 비판은 지금까지도 계속되고 있다. 대니엘 알렌 Danielle S. Allen, 1971~ 과 캐스린 진스 Kathryn T. Gines, 1978~ 는 상세한 비판을 통해 사실과 관련한 아렌트의 실수와 의견의 오류를 지적했다.[5] 나는 이 비판들의 대부분 핵심에 동의한다. 나는 아렌트가 미국 흑인들에 대한 악의에 찬 차별의 깊이와 정치적 결과들을 이해했다고 생각하지 않는다. (아렌트 **자신의** 정치 개념을 따른다 하더라도 마찬가지다.) 그렇다고 해서 내가 아렌트를 "백인 우월주의자"나 "흑인차별 인종주의자"로 생각하는 것은 아니다. 이 표현들이 그녀의 관점을 규정하기 위해 종종 사용되었지만 말이다. (알렌과 진스는 이렇게 표현하지 않았다.) 심지어 나는 만일 우리가 아렌트 자신의 철학적 관점에 입각해 그녀의 주장을 생각해본다면 그 글들 속에서 지금의 인종차별주의가 지닌 사악성에 대한 비판적 자료들을 발견할 수 있다고 생각한다.

인종주의와 관련해서는 아렌트의 초기 저술들, 특히 『전체주의의 기원』에 나오는 그녀의 사상을 이해하는 것이 중요하다. 이 책에서 아렌트가 다루었던 가장 중요한 주제 중 하나가 최종해결책, 즉 유대인 절멸로 이어졌던 나치의 생물학적 인종주의다. 전체주의로 나아갔던 저변의 여러 요소를 조사한 아렌트는 제국주의의 본질을 구성한 인종주의에 초점을 맞추었다. 아렌트는 식민주의와 제국주의를 구분했다. 그녀는 "원주민 절멸은 수 세기에 걸쳐 미국과 오스트레일리아, 아프리카의 식민화와 나란히 진행되었다"고 썼다. 그런데 팽창을 위한 팽창이라는 이데올로기가 제국주의의 주요 이데올로기가 되었을 때 다른 그리고 훨씬 더 사악한 어떤 것이 발생했다.[6] 아렌트는 "아프리카 쟁탈전" 와중에 발생한 대량학살과 종족학살을 생생하고도 분명하게 묘사했다. 점령당한 아프리카 사람들에 대한 식민지적 규제라는 핑계조차 존재하지 않았다. 제국주의적 인종주의는 아프리카 원주민 수백만에 대한 잔인한 행정적 학살을 대외정책의 적법한 방식으로 "정당화"했다. 이런 제국주의적·살인적·이데올로기적 인종주의는 나치 인종주의 이데올로기의 전조였다. 아렌트는 전 생애에 걸쳐 인종주의 이데올로기를 비난했다. 미국 흑인에 대해 또다시 무분별하고 공격적으로 언급한 「폭력론」에서도 다음과 같이 주장한다.

인종주의는 인종과는 달리 삶의 사실이 아니라 이데올로기이며, 그것이 이끄는 행위는 반사작용이 아니라 사이비과학적 이론에 기초한 숙고된 행위다. 인종 간의 갈등에서 폭력은 항상 살인적이지만 '비합리적인' 것은 아니다. 그것은 인종주의의 논리적이고 합리적인 귀결들이다. 인종주의는 그 인종주의와 관련된 어느 한편이 품은 어떤 다소 모호한 편견을 의미하는 것이 아니라 명백한 이데올로기적 체제를 의미하는 것이다.[7]

아렌트는 유럽적 맥락에서 발생한 이데올로기적 체제로서 인종주의의 폭력성에 대한 통찰을 보여주었지만, 미국 흑인들의 경험에 대한 그런 통찰의 적실성을 올바로 평가하는 데 실패했다. 그녀는 사회적 영역에서 벌어지는 차별에 반대한 것이 아니었고 차별의 법적 강제에 대해서만 반대했던 것이다. 아렌트는 흑백분리를 진정으로 정치적인 것과 엄격히 구분할 필요가 있는 사회적 현상으로 규정했다. "헌법에 반하는 것은 흑백분리라는 사회적 관습이 아니라, 그것의 **법적 강제**다."[8] 개념 구분을 잘하는 것으로 유명한 아렌트는 다소 낙천적인 방식으로 차별을 규정했다. 그녀는 친애를 근거로 한 차별과 수많은 흑인이 경험했던 사악하고 배타적이고 모욕적인 차별의 차이점을 **모호하게** 했다. "만일 유대인인 내가 유대인 친구들과만 내 휴가를 즐기겠다고 한다면 이런 내 계획을 어떻게 누가 합리적으로 막을 수 있을지 나는 알 수 없다. 이는 마치 다른 휴양지 업소가 휴일을 보낼 때 유대인을 보고 싶지 않아 하는 고객을 유치하면 왜 안 되는지 그 이유를 내가 알 수 없는 것과 마찬가지다."[9]

그러나 휴가를 함께 보낼 친구를 **자유롭게** 선택하는 것과 관련된 (그다지 악성이 아닌) 사회적 차별과 흑인들이 일상적 삶에서 **강제로** 경험해야 했던 폭력적 차별을 비교하는 것은 극도로 무감각한 것이다. 아렌트는 정치적인 것, 사회적인 것, 사적인 것에 대한 자신의 구별을 잘못 **강요**했다. "사회란 정치적인 것과 사적인 것 사이에 있는 흥미로운, 다소 혼합적인 영역인데, 근대가 시작한 이후로 대부분 사람은 거기에서 자기 삶의 대부분을 보내왔다."[10]

아렌트의 둔감함이 당혹스러운 이유는 인종차별에 대해 더욱 공감할 수 있고 세밀하게 이해할 수 있는 자료가 그녀의 저술 가운데 존재하기 때문이다. 유대인과 흑인을 유비적으로 보는 방식은 조심해야 하지만, 그런데도 아렌트는 누군가가 유대인으로서 공격받을 때는 독일인으로서가 아니라 또 인권의 담지자로서가 아니라 유대인으로서 자신을 방어해야 한다고 선언했던 때의 자기 경험에 근거해 흑인 문제를 다루어야 했다. 왜 이 점이 흑인들이 명백히 흑인으로서 공격받고 있을 때는 적용되지 않는가? 또한 사회적으로 따돌림당한 유대인 패리아가, 억압당하는 타인과의 연대투쟁을 믿었던 라자레처럼, "의식적 패리아"가 되어야 한다고 했던 본인 이해의 적실성을 알아차려야 했다. 카프카를 유대인 패리아로 다루는 논의에서 아렌트는 사회적으로 따돌림당한 자들이 경험하는 심각한 딜레마 상황을 아름답게 묘사했다. 그런 자들은 인간으로서 또 인간사회의 정상적 구성원으로서 대접받는 것, 즉 "다른 사람들과 마찬가지로 사람이 되는 것" 외의 어떤 것도 원하지 않는 자들이다. 카프카의 소설 『성』에 나오는 주인공 K에 관해 아렌트가 말했던 것은 흑인들에 대해서도 또 모욕적인 차별을 겪고 있는 다른 소수자 집단에 대해서도 마땅히 말해져야만 하는 것이다. "이런 사회가 인간적이기를 그친 것 그리고 그 사회의 그물망에 얽혀 진정으로 선의를 품었던 그 사회 구성원들이 그 내부에서 예외적이고 비정상적인 어떤 자—성인이나 광인—로 기능하도록 강요되었던 것은 그의 잘못이 아니었다."[11] 만약 아렌트가 자신의 통찰을 발전시켜, 단지 흑인들이 무엇을 할지 말지의 문제가 아니라 그들이 들어가 살고 있는 더욱 넓은 백인 사회의 문제를 보았으면 좋았을 것이다. "어떤 백인 사회에서 한 흑인이 다른 어떤 존재도 아닌 흑인으로 간주된다면, 그는 평등의 권리와 더불어 특별한 인간적 특성을 갖춘 행위의 자유라는 권리를 상실하므로, 이제 그에게 필요한 모든 것은 어떤 '흑인' 특성의 '필연적' 귀결들로만 설명되어진다. 그는 인간이라 불리는 어떤 동물의 한 종의 표본이 되어버렸다."12

나는 「리틀록에 대한 성찰」에서 드러난 아렌트의 추론에 대해 비판적이었지만, 지금에 와서 되돌아보면 우리는 그녀에게 얼마나 선견지명이 있었는지를 알 수 있다. 1950년대에는 학교 통합이 미국의 "흑인 문제"를 해결하는 데 중요한 계기가 될 것이라는 큰 희망이 있었다. 아렌트는 여기에 깊은 회의를 품었다. 수많은 사람이 오늘날의 학교에서 나타나는 사실상의 분리가 1957년의 모습만큼 나쁘거나 심지어 더 나빠진 것이라고 주장한다. 아렌트는 시민권이 차별을 종식시킬 수 있을 것이라는 믿음 자체에 대해서도 회의적이었고, 미국은 "미국 공화국의 원초적인 **보편적 합의**_consensus universalis_"에서 흑인과 원주민을 배제한 "원초적 범죄"를 결코 정직하게 직면하지 않았다고 생각

2014년 12월에 미국 캘리포니아의 오클랜드에서 벌어진
'흑인의 생명도 소중하다'(Black Lives Matter, BLM) 시위
BLM은 2012년에 한 흑인 청소년이 히스패닉계 백인 자경단원에게
살해당한 사건을 계기로 일어난 흑인민권운동이다.
아렌트는 누군가가 유대인이라는 이유만으로 공격당한다면
유대인으로서 자신을 방어해야 한다고 선언했다.
하지만 이 똑같은 논리를 흑인에게는 적용하지 않았다.

했다. "미국 헌법에서 또는 그 제정 취지에서 노예를 원초적 협약 가운데 포함시키는 일은 결코 일어나지 않았다."[13] 당시 아렌트는 인종 간 금혼법the miscegenation law — 흑인과 백인 간의 결혼이나 성행위를 금지한 법—이 학교 분리법보다 미국 헌법에 더 모순된다고 주장해서 조롱받았다. 1967년이 되어서야 대법원은 인종 간 금혼법이 위헌이라고 선언했다. "누구든 자신이 원하는 사람과 결혼할 권리는 기초적인 인권이다"라고 강력히 주장했던 데서 아렌트가 시대를 앞섰음이 드러난다. 리틀록에 대한 아렌트의 오판을 변명하지 않고서도 우리는 그녀의 저술에서 인종주의에 대해 지금도 유효한 생각과 저항적 태도를 발견할 수 있다고 생각한다.

악의 평범성

1963년에 『예루살렘의 아이히만』이 『뉴요커』에서 다섯 번에 걸쳐 처음 연재되었을 때 아렌트는 악의에 찬 공격을 받았다. 그녀가 아이히만을 위해 변명하고 있고, 아이히만에게 희생된 유대인들보다 아이히만을 더 매력적으로 보이도록 했으며, 유대인이 스스로 절멸을 초래했다고 비판했다는 비난이었다. 많은 사람이 아렌트가 사용한 "역설적인" 문체에 감정이 상했다. 어떤 이들은 그녀가 "경박하고" "악의에 차 있다"고 비난했다. "악의 평범성"이라는 표현이 유대인 수백만의 절멸을 사소한 것처럼 만들어버린 것 같았다. 사람들은 아렌트의 사적인 부분까지 공격했다. 아렌트가 스스로를 멸시하는 유대인이라는 비난이었다. 책의 출간을 막으려는 시도들도 있었다. 그녀의 오래되고 가까운 벗 몇몇은 그녀와 절교했다.

출간된 지 50년 이상이 지난 오늘날 『예루살렘의 아이히만』을 다시 읽어보면 그 책이 유발한 분노의 강도를 이해하기 어렵다. 물론 그녀의 여러 핵심 주장은 심각한 비판을 받을 만하다. (그리고 실제로 비판받았다.) 유대인위원회의 역할에 대한 그녀의 간략한 논의는 엄청난 분노를 불러일으킬 만했다. 유대인위원회란 유대인 공동체와 게토를 조직적으로 관리하기 위해 나치가 유력 유대인들을 골라 구성한 것이었다. 절멸 과정이 시작되었을 때 유대인위원회는 나치가 정한 할당량을 채우는 과제를 떠맡았다. 아렌트는 이 유대인 지도층에 대해 모진 판단을 내렸다.

어디에서 살든지 간에 유대인들에게는 인정받는 지도자들이 있었고, 거의 예외 없이 이들의 리더십은 이러저러한 이유에서 이러저러한 방식으로 나치와 협력했다. 모든 진실은 만일 유대인이 정말로 조직이 되어 있지 않았고 또 지도자가 없었더라면 혼란과 수많은 불행을 겪었겠지만 희생자 전체가 400만, 500만, 600만에 달할 리는 거의 없었을 것이라는 점이다.[1]

이것은 아렌트의 책에서 가장 격렬한 반발을 불러일으켰던 무책임한 주장 가운데 하나다. 그녀는 이 유대인 지도자 사이에는 다양한 층위가 존재했다는 점을 설명하지 못했다. 그 가운데 일부는 나치의 명령을 따르기보다는 자살을 선택하기도 했으니 말이다. 만일 유대인위원회가 없었더라도 그렇게나 많은 유대인이 살해당했을까 하는 점은 어느 누구도 확실히 말할 수 없다.

그렇지만 이 책에 대한 비판이 적절했느냐는 관점에서 볼 때, 아렌트가 썼던 내용과 비판가들의 비난으로 만들어진 책의 "이미지" 사이에는 엄청난 간극이 존재한다. 아렌트가 아이히만을 위해 변명했다는 비판은 완전히 잘못된 것이다. 아렌트는 아이히만을 당대의 "최악의 범죄자" 가운데 하나로 여겼다. 재판의 적법성을 비판했던 많은 사람과는 달리 아렌트는 아이히만을 재판할 이스라엘 법정의 권리를 강력하게 옹호했다. 책 전반에 걸쳐 아렌트는 아이히만이 저지른 범죄에 대해 그가 전적으로 책임져야한다고 주장했다. 비록 그녀는 법무장관의 멜로드라마 같은 연출에 대해 비판적이고 심지어 조소적이기까지 했지만 아이히만을 재판했던 세 명의 판사에 대해서는 최고의 찬사를 표했다. 아렌트는 아이히만의 책임과 죄목에 관한 그들의 판결을 전적으로 지지했다. "이 점에 대해 판결문에서 말해야 했던 것은 정확성 이상의 것이었으며, 그것은 진실이었다."[2] 재판정에서 아이히만의 사형이 최종적으로 선고되었을 때 아렌트는 그것 역시 지지했다. 아렌트가 "악의 평범성"이라고 표현했을 때 그녀는 나치의 죄악에 대한 **이론**을 개진한 것이 아니라 사실의 문제로 간주한 바를 묘사했던 것이다. 아이히만의 행위가 괴물 같은 것이었지 그가 괴물이었던 것은 아니다. 아이히만은 평범했고 일상적이었으며, 그 자신의 상투어cliché와 언어규칙에 사로잡혀 있었다. 『예루살렘의 아이히만』의 「후기」에서 아렌트는 "악의 평범성"의 의미를 다음과 같이 설명했다.

나는 재판에 직면한 한 사람이 주연이 되어 연출한 현상을 엄격한 사실적 차원에서만 지적하면서 악의 평범성에 대해 말한 것이다. 아이히만은 이아고도 맥베스도 아니었고, 또한 리처드 3세처럼 "악인임을 입증하기로" 결심하는 것은 그의 마음과는 전혀 동떨어져 있는 일이었다. 자신의 개인적인 발전을 도모하는 데 각별히 근면한

1961년 5월 29일에 이스라엘 대법원에서 사형 판결에 대한 항소가
만장일치로 거부되었음을 듣는 아돌프 아이히만

아렌트는 명백히 아이히만을 최악의 범죄자로 여겼다.
아이히만을 재판할 이스라엘 법정의 권리를 강력하게 옹호하기도 했다.
또한 법정의 판결을 전적으로 지지했다.

것을 제외하고는 그는 어떠한 동기도 품고 있지 않았다. ……이 문제를 흔히 하는 말로 하면 그는 **단지 자기가 무엇을 하고 있는지 결코 깨닫지 못한 것이다.** 그가 경찰 심문을 담당한 독일계 유대인과 마주앉아 자신의 마음을 그 사람 앞에 쏟아 부으며 어떻게 자기가 친위대의 중령의 지위밖에 오르지 못했고 또 자기가 진급하지 못한 것이 자기의 잘못이 아니라는 것을 다시, 또다시 설명하면서 4개월 동안 앉아 있을 수 있었던 것은 바로 이 같은 상상력의 결여 때문이었다. ……그는 어리석지 않았다. 그가 그 시대의 엄청난 범죄자 가운데 한 사람이 되게 한 것은 (결코 어리석음과 동일한 것이 아닌) 순전한 무사유sheer thoughtlessness였다.[3]

"단지 자기가 무엇을 하고 있는지 결코 깨닫지 못한 것"이라는 표현은 아이히만이 맹목적으로 행동했다는 뜻이 아니다. 아이히만은 유대인들을 강제수용소와 죽음의 수용소로 이송하는 데 능수능란했다. 그러나 그는 희생자의 관점에서 사물을 보는 상상력을 결여했다. 그는 칸트가 "확장된 심성"이라고 불렀던 것이 없었다. 1970년에 뉴스쿨 강의에서 아렌트는 악의 평범성을 다시 다루며 『예루살렘의 아이히만』에서 했던 주장을 확장했다.

수년 전 예루살렘에서 열린 아이히만 재판을 보고하면서 나는 "악의 평범성"에 대해 말했는데, 그때 의도한 것은 이론이나 주장을 펴려는 것이 아니라 전적으로 사실적인 것, 엄청난 규모로 일어난 악행의 현상을 서술하는 것이었다. 이는 인격적 특성으로 특이한 천박성만을 지니고 있는 행위자의 어떤 특정한 사악성, 병증, 또는 이데올로기적 확인 같은 것이 아니다. 그 행위가 아무리 괴물적인 것이라 하더라도 그 행위자가 괴물인 것도 또 악마인 것도 아니다. 재판과 그에 대한 경찰 심문 과정에서 발견할 수 있는 유일하고 분명한 특징은 전적으로 부정적인 방식으로 묘사될 수 있는 것이었다. 그것은 어리석음이 아니라, 호기심을 자아내는, 아주 특이한 무능성, 즉 사유의 무능성이었다. 그는 나치 통치하에서 전범으로서 탁월한 기능을 수행했다. 그는 자신이 한때 의무로 간주했던 것이 이제는 범죄라고 불린다는 것을 알고 있었고, 따라서 그것이 오직 새로운 언어규칙인 것처럼 이 새로운 재판

의 관례를 수용했다.[4]

  『예루살렘의 아이히만』의 출간 이래로 아이히만에 대한
아렌트의 묘사가 정확한지에 대한 많은 토론이 있었다. 내
가 보기에는 그 묘사는 정확하지 않았다. 이제 우리는 아
이히만의 독일에서의 행적뿐만이 아니라, 그가 독일에서
도망쳐 나와 살았던 아르헨티나에서의 삶에 대해서도 훨
씬 더 많은 것을 알고 있다. 아르헨티나에서 그는 나치였
던 자들과 밀접하게 연결되어 있었으며, 그들에게 최종해
결책에서 자신이 맡았던 역할을 자랑했다. (심지어 과장하기
도 했다.) 나는 홀로코스트에 관한 저명한 역사학자인 크리
스토퍼 브라우닝Christopher Browning, 1944~ 의 다음과 같은 판
단에 동의한다. "나는 아렌트의 '악의 평범성' 개념이 홀로
코스트의 수많은 가해자를 이해하는 데 아주 중요한 통찰
이라고 생각하지만 아이히만에 대해서는 아니다. 아렌트
는 아이히만의 자기연출 전략에 속았는데, 그럴 수 있었던
부분적 이유는 그가 흉내 낼 만한 수많은 가해자가 존재했
었기 때문이다."[5]

  아이히만에 대한 아렌트의 역사적인 "사실적" 판단에 실

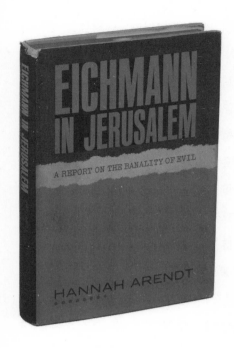

1965년에 출간된 『예루살렘의 아이히만』 초판본

이 책에서 아렌트는 '악의 평범성' 개념을 제시했다.
하지만 이후 아이히만의 행적을 조사한 많은 역사학자가 최소한 그에게만큼은
악의 평범성 개념을 적용하기가 부적절하다고 비판했다.
아이히만이 자신의 책임을 회피하기 위해 일부러
'생각 없는' 모습을 연출했다는 것이다.

수가 있었다면, 그래서 아이히만이 예루살렘 재판정에서 평범한 모습을 또 상투어로 가득 찬 모습을 연출했지만 실제로는 더 광신적이었고 또 나치 분자로서 이데올로기적이었다면, 이 문제는 끝났다고 할 수 있지 않을까. 그러나 나는 그렇게 생각하지 않는다. 악의 평범성 개념에는 몹시 중요한 점이 존재하며, 따라서 적절히 이해한다면 오늘날 우리에게 중요한 적실성을 지니게 된다고 생각한다. 그녀의 말이 그토록 강한 반발을 불러일으켰던 이유 중 하나는 그녀가 악에 관해 깊숙이 자리 잡은 사고방식에 의문을 던졌기 때문이다. 그것은 심리학적으로 설득력이 있고 또 위기가 감지된 시대에 자주 나타나는 사고방식이다. 우리는 선과 악을 절대적인 관계로, 강한 이분법적인 방식으로 생각하는 경향이 있다. 영웅이 존재하고 악인이 존재한다. 사악한 가해자들이 있고 무고한 희생자들이 있다. 만일 어떤 사람이 아이히만이 했던 "괴물 같은 행위들"을 한다면 그는 괴물이거나 악마 같은 사람임이 **분명하다.** 그는 가학적이고 괴물 같은 반셈주의적 의도와 동기를 품었거나 병적 존재임이 **분명하다.** 그는 문학작품에서 묘사된 악인, 심지어 대중적인 영화나 대중문화에서 묘사되는 악인 같을 것임이 **분명하다.** 이런 사고방식에는 너무나 깊고 견고한 무엇인가가 있어서 여기에 의문을 제기하는 것은 극단적으로 거북스러운 일이다. 법무장관 기드온 하우스너 Gideon Hausner, 1915~90 는 그를 악마적인 모습으로 확실히 묘사했다. 아이히만은 이집트 파라오 시대로까지 거슬러 올라가는 반셈주의의 화신이었고 최종해결책으로 철저히 무장된 사람이었다. (물론 이는 명백한 오류다.) 아렌트는 "톱니바퀴 이론", 즉 아이히만이 거대한 관료주의 기제의 한 톱니바퀴였다는 생각도 분명히 거부했다. 자신은 단지 한 체제의 톱니이거나 바퀴 중의 하나라는 주장에 대응해 "그러면 왜 당신은 톱니바퀴가 되어 이런 방식으로 계속 기능했는가?"라고 법과 도덕의 관점에서 되묻는 것은 언제나 적절하다.

아렌트의 가장 중요한 지적은 악을 신화화해서는 안 된다는 것이다. 재판이 있기 수년 전 아렌트의 멘토이자 친구인 야스퍼스는 그녀와 교환한 서신에서 모든 형사법적 범죄를 넘어서는 죄에 관해 논의하기를 거부한다고 썼다. 그것은 악마적인 굉장한 구석이 있기 때문이라는 이유에서였다. 히틀러와 다른 나치 분자들에게서 악마적 요소를 말하는 것은 부적절하다. 1946년에 야스퍼스는 이렇게 썼다. "내가 보기에 우리는 이런 일들을 그들의 전적인 평범성 가운데서, 범속한 진부성 가운데서 보아야 할 것 같은데, 왜냐하면 바로 그것이 그 일들의 진정한 특징이기 때문이다. 박테리아가 민족들을 쓸어버리는 전염병을 유발할 수 있지만, 박테리아는 박테리아로 남아 있을 뿐이다."[6]

7년 후 게르숌 숄렘Gershom Scholem, 1897~1982이 악의 평범성 개념을 비판했을 때 아렌트는 야스퍼스의 과거 언급을 반향反響으로 되돌려주는 것으로 답했다. "악은 결코 '근본적'이지 않다는 것, 그것은 단지 극단적일 뿐이라는 것 그리고 악은 깊이도 또 어떠한 악마적 차원도 지니고 있지 않다는 것이 사실상 지금의 내 의견입니다. 악은 과도하게 성장할 수 있으며 그래서 전 세계를 황폐하게 만들어버릴 수 있는데, 그 이유는 바로 그것이 세계 표면에 곰팡이처럼 퍼지기 때문입니다. 제가 말했던 것처럼 악은 '사유에 저항하는' 것입니다. 사유란 어떤 깊이로 들어가 뿌리까지 도달하기 위해 애쓰는 것인데 사유가 악을 대상으로 하는 순간 거기에는 아무것도 존재하지 않으므로 당황하기 때문입니다. 이것이 바로 악의 '평범성'입니다."[7] 악의 평범성 개념은 오늘날에도 여전히 적실성이 있다. 왜냐하면 끔찍한 악행을 범하기 위해서는 괴물이 되어야 할 필요가 없다는 사실을 직면할 필요가 있기 때문이다. 사람들은 평범한 이유에서 악행을 범할 수 있다고 주장하는 것은 우리가 오늘날 살아가는 현실을 직면하는 일이다. "슬픈 진실은, 선하려고도 악하려고도 마음먹은 적이 없었던 사람들이 최악의 일을 벌인다는 점이다."[8]

진리, 정치 그리고 거짓말

『예루살렘의 아이히만』 출간과 관련된 논쟁이 격화되었을 때 아렌트의 친한 친구였던 메리 매카시Mary McCarthy, 1912~89는 비판가들에게 답하라고 아렌트를 설득했다. 아렌트는 처음에는 거부했지만 이후 매카시에게 자신이 받은 공격에서 비롯된 쟁점들을 다루기 위해 「진리와 정치」라는 논문을 쓰겠노라고 말했다. 아렌트는 『예루살렘의 아이히만』에 가해진 대부분 비판은 비판가들이 창작한 "이미지"에 초점을 맞출 뿐 그녀가 실제로 썼던 내용에 초점을 맞추지는 않았다고 생각했다. 그녀는 아이히만 재판에 대한 자신의 보고서와 관련된 온갖 거짓말이 유포되고 있음을 느꼈다. 그래서 아렌트는 거짓말과 진리 그리고 정치에 관한 기본적인 질문들을 제기하고자 했다. 아렌트는 매력적인 방식으로 다음과 같이 자신의 논문을 시작한다.

진리truth와 정치가 서로 다소 나쁜 관계를 맺고 있다는 점에 대해서는 어느 누구도 의심한 바가 거의 없었고, 또한 내가 아는 한 어느 누구도 진실truthfulness을 정치적 덕목 가운데 하나로 여긴 적이 없었다. 거짓말은 정치가 또는 선동가뿐만 아니라 위정자들의 거리에서도 필수적이고 정당화할 수 있는 도구로 항상 여겨져왔다. 이는 왜인가? 한편으로는 정치영역의 본질과 품격에 비추어볼 때 그리고 다른 한편으로는 진리와 진실의 본질과 품격에 견주어볼 때 과연 그것은 무엇을 의미하는가? 무기력한 것이 진리의 본질이며, 속임에 능하다는 것이 권력의 본질인가?[1]

진리와 정치가 갈등한 역사는 오래되고도 복잡하다. 아렌트는 자신의 논의를 두 부분으로 나누었는데, 첫 번째 부분은 "이성적 진리"에 관한 것이고, 두 번째 부분은 지금의 논의에 더욱 적절한 부분으로 "사실적 진리"에 관한 것이다. 아렌트가 말한 "이성적 진리"란 2+2=4 같은 수학적 진리, 또는 더 중요한 예를 들자면, 플라톤이 주장했던 것처럼 철학자들이 영원한 형상이데아에 대한 참된 지식을 갖추고 있을 때 소유하고 있는 종류의 진리다. "사실적 진리"란 그것이 반드시 존재해야 할 필연성이 없다는 점에서 항상 우연적인 것이다. 플라톤의 『국가』의 주요 주제는 철학과 정치 사이의 갈등, 즉 철학적 진리와 정치적 의견 사이의 갈등이다. 정치는 불안정하고 서로 충돌하는 의견들 doxai에 기초한 것이지 영원한 형상에 대한 참된 지식에 기초한 것이 아니므로, "진짜" 정치에서는 권력과 힘이 옳고 그름을 결정하는 것처럼 보인다. 『국가』는 정의에 대한 이러한 이해를 논박하고, 참된 정의는 철학자들이 알기를 열망하는 이성적 진리의 영원한 기준에 부합할 때에만 성취될 수 있다는 것을 보여주는 일관된 논증으로 읽을 수 있다. 진리와 의견 사이의 갈등은 정반대되는 두 삶의 길, 즉 철학자의 삶과 폴리스 시민의 삶이라는 두 삶의 길 사이에서 발생했다. 인간사에 관한 시민의 의견은 항상 바뀌는데 반해, 철학자들은 인간사를 안정시킬 원리들을 도출할 수 있는, 영원한 것에 관한 이성적 진리를 주장한다. "따라서 진리의 반대는 단순한 의견이며, 이는 환상 같은 것으로 여겨졌다. 그리고 이 갈등을 정치적으로 첨예하게 했던 것은 이러한 의견에 대한 평가절하였다. 왜냐하면 진리가 아니라 의견이 모든 권력의 필수불가결한 선결조건에 속했기 때문이다."[2]

이러한 원초적 갈등의 흔적들은 근대 초기의 사상들에서도 발견할 수 있지만 오늘날에는 주된 문제가 아니다. 물론 과학적 진리에 대한 최근의 공격들에 그 흔적이 남아 있기는 하지만 말이다. 철학자들에게 특별한 정치의 기준을 설정할 수 있는 지식과 진리가 있다는 생각은 조롱당해 왔다. (그 생각은 고대 그리스에서도 조롱받았다.) 그렇지만 이성적 진리와 의견 사이의 갈등에서 배워야 할 중요한 교훈이 있다. 아렌트는 정치철학이 전통적으로 진리의 기준들을 정치에 부여하기 위해 항상 애써왔다고 주장한다. 복수의 인간이 창조한 공적 공간에서 의견^{아렌트의 독특한 개념으로}서의 "의견"에 대해 논쟁하는 것이 정치의 본질이다. 아니, 그것은 정치의 마땅한 모습이다. 간단히 말해, 의견을 평가절하하는 철학자들의 전통과 반대로 아렌트는 의견들의 대립을 정치의 삶과 품격을 구성하는 것으로 찬미했다. 아렌트가 말한 의견은 여론조사로 측정되는 종류의 것이 아니다. 개인은 의견을 "지니고 있기도" 하지만 공적 토론에 참여함으로써 그 토론을 통해 의견을 **형성**하기도 한다.

『국가』에서 철학적 진리와 정치적 의견 사이의 갈등을 다룬 플라톤
기존 철학자들이 진리에 비해 의견을 평가절하한 데 반해,
아렌트는 의견들의 대립을 정치의 삶과 품격을 구성하는 것으로 여겼다.
이때 의견은 개인이 공적 토론에 참여함으로써 형성되는 의견을 말한다.

나는 특정한 주제를 다양한 관점에서 고민함으로써, 현재 있지 않은 사람들의 관점들을 내 마음에 떠올림으로써 의견을 형성한다. 즉 나는 그들을 대표한다. ……내가 어떤 주제에 대해 고민하는 동안 내 마음속에 사람들의 관점을 더 많이 떠올릴 수 있다면, 그래서 내가 다른 사람의 처지에 있다면, 어떻게 느끼고 생각하게 되는지를 더 잘 상상할 수 있다면, 대표해서 생각하기의 능력은 더 강해질 것이고 나의 마지막 결론, 즉 나의 의견은 더욱 타당하게 될 것이다.[3]

의견의 형성은 고립되어 있는 고독한 개인이 수행하는 사적 활동이 아니다. 관점을 달리하는 의견들과 **진정으로** 직면할 때—이런 직면이 실제로 일어나든 또는 상상력을 통해 성취되든 간에—에만 의견은 검증될 수 있고 확대될 수 있다. 의견들의 적절성에 대한 변치 않고 영속적인 시금석은 존재하지 않으며, 의견의 판단에 관해서는 공적 토론을 통해 더 나은 논거를 찾는 방식 외에는 다른 무엇도 권위를 지니지 못한다. 이것이 바로 정치적으로 평등한 이들로 구성된 공동체 그리고 자신의 의견을 타인의 비판에 기꺼이 노출하려는 태도가 의견 형성에 필요한 이유다. 여기에도 역시 아렌트에게서 배울 수 있는, 오늘날에도 적실한 중요한 교훈이 존재한다. 오늘날에는 자신의 관점에 동의하지 않는 다른 사람들의 말을 듣지 않으려 하는 위험한 경향이 존재한다. 우리는 다른 관점을 비난하거나 조롱할 뿐 제대로 고려하는 것은 원치 않는다. 그리고 이런 경향은 우리가 우리의 확고한 편견을 다시금 강화시키는 정보원에게서만 "정보"를 얻는 방식으로 악화되고 있다. 아렌트는 의견과 집단이익을 날카롭게 구분한다.

이익과 의견은 서로 완전히 다른 정치현상이다. 정치적으로 볼 때, 이익은 집단이익으로서만 적실성을 지닌다. 정치적으로 볼 때, 그런 집단이익을 순화하기 위해서는, 모든 조건에서 또는 심지어 한 집단의 이익이 우연히 다수의 이익과 일치하는 상황에서도, 집단이익이 지닌 부분적이라는 특성이 보호되는 방식으로 대표되는 것으로 충분하다. 반대로, 의견들은 결코 집단에 속하는 것이 아니라, '이성을 냉정하고 자유롭게 행사하는' 개개인에게 전적으로 속한다. 한 부분의 다수이건 또는 사회 전체의 다수이건 관계없이 다수는 하나의 의견을 결코 형성할 수 없을 것이다. 사람들이 다른 사람들과 자유롭게 의사소통을 하고 자신들의 견해를 공적이게 할 권리를 가지고 있는 곳 어디서나 의견들이 발생할 것이다. 그러나 무한히 다양한 이러한 관점들은 순화와 대표성을 필요로 하는 듯하다.[4]

이성적 진리의 반대는 무지와 오류이지만, 사실적 진리의 반대는 **고의적 거짓말**이다. 사실적 진리는 이성적 진리보다 훨씬 더 깨지기 쉽다. 사실이란 우연적인 것이고, 또 사실들이 참되거나 거짓이어야 할 아무런 필연성이 없으므로, 사실적 진리를 부정하거나 또는 고의적인 거짓말로 그것을 제거하는 것은 훨씬 쉬운 일이 된다. 사실적 진리가 어떤 사람의 기본적인 확신을 방해할 때는 엄청난 적대감을 맞닥뜨리게 된다.

사실과 의견 또한 조심스럽게 구분할 필요가 있다. 사실적 진리는 증인과 증언으로 규명되며, 말로 표명되고 글로 기록되는 한에서만 존재할 수 있다. 비록 의견들이 서로 많이 다를 수 있긴 해도, 그 의견들이 사실을 존중하는 한 사실은 의견들에 정보를 제공하게 된다. "사실적 정보가 보장되지 않는 한 의견의 자유는 웃기는 이야기일 뿐이고, 사실 자체는 논쟁 가운데 있지 않다."[5] 불행하게도, 사실적 진리를 부정하는 가장 성공적인 기술 가운데 하나는 사실적 진리가 단지 다른 의견일 뿐이라고 주장하는 것이다. 사실적 진리와 의견의 차이를 흐리는 이러한 경향이 점차 만연해지고 있다. 사실과 의견의 차이를 설명하기 위해 아렌트는 클레망소 Clemenceau, 1841~1929 의 이야기를 전하고 있다. 그는 후대 역사가들이 제1차 세계대전 발발의 책임이 누구에게 있는지에 대해 뭐라고 말할 것 같으냐는 질문을 받았는데, "나는 그것을 모릅니다. 그러나 그들이 벨기에가 독일을 침공했다고 말하지 않을 것이라는 것은 확실히 압니다"라고 대답했다.[6] 그러나 이런 응답조차 나이브함을 드러낸다. 우리는 역사 다시 쓰기를 통해 러시아혁명 당시 트로츠키의 역할 같은 아주 기초적인 사실들조차도 말소할 수 있다는 것을 안다. 전체주의 사회들에서 명백하게 일어났던 그런 일을 오늘날 주요 정치가들이 자행하고 있다. 간단히 말해, 강력한 설득기술들이 사실적 진리를 부정하기 위해, 사실을 단지 또 하나의 의견으로 변형하기 위해 그리고 "대안적 사실들"의 세계를 창조하기 위해 사용되고 있다는 것이 현재 우리가 직면한 위험이다.

아렌트는 이보다 더 큰 위험에 대해 경고한다. "사실적 진리를 거짓으로 바꾸는 일관되고 총체적인 대체의 결과는 이제 거짓이 진리로 받아들여질 것이며 진리가 거짓으로 폄훼된다는 것이 아니라, 우리가 현실 세계에서 살아가는 데 필요한—그리고 진리 대 허위라는 범주가 이런 목적을 위해 정신적 수단 가운데 하나로 존재하는—감각이 **파괴되어진다는 것이다.**"[7] 아렌트는 오늘날 우리가 살아내고 있는 어떤 것에 대해 깊이 통찰했다. 진리 대 허위, 사실 대 거짓이라는 범주의 구분 자체가 말소되고 있다는 것이다. 결론적으로, 거짓의 가능성은 무궁해지고 또 그것이 저항을 거의 받지 않는 경우도 빈번해진다. 일반적으로 정치적 거짓말은 기만을 위해 고의적으로 사용된다. 이는 여전히 거짓말과 사실적 진리의 구분을 전제한다.

그런데 아렌트는 기만하는 자가 자기 자신의 거짓말을 믿어버리게 될 수도 있다는 점에 주목한다. 그녀는 자기 자신의 거짓말을 믿지 않고서 남을 속이는 것이 얼마나 어려운 일인지를 지적한다. 이 점을 설명하기 위해 아렌트는 어느 날 밤 망루 위의 초병이 친 장난으로 어떤 일이 일어 났는지를 다룬 중세의 일화를 인용한다. 초병은 마을 사람 을 놀래주려고 적군이 다가온다는 비상경보를 울렸다. 이 는 엄청나게 성공했다. 모든 사람이 성벽을 향해 달려갔는 데 마지막으로 달려간 사람은 초병 자신이었다. "이 이야 기는 현실에 대한 우리의 이해가 동료 인간과 함께 공유하 는 세계에 어느 정도로 의존하고 있는지 그리고 진리이건 거짓말이건 공유되지 않은 어떤 것을 고수하려면 성격이 얼마나 강해야 하는지를 암시한다. 다른 말로 하자면, 거 짓말쟁이는 성공하면 성공할수록 본인 창작물의 희생자가 될 가능성도 더욱 높아진다는 것이다."[8]

자기 자신의 거짓말을 믿거나 또는 더 심한 경우로서 자 신의 거짓말과 사실적 진리를 더 이상 구별하지 못하는 거 짓말쟁이를 만났을 때, 우리는 훨씬 더 심각한 현상을 다 루게 된다. 그런 정치적 거짓말쟁이는 '행위하는 자'이며, 그는 자신의 거짓말과 일치하도록 세계를 바꾸려고 노력 한다. 전체주의라는 극단적인 경우에 전체주의적 지도자 들은 바로 이것을 달성하려고 애쓴다. 이것은 우리가 오늘 날 비-전체주의적 사회들에서도 목도하는 유혹이자 위험이다. 전체주의적 선전물들에 대한 아렌트의 묘사를 오늘날 전 세계적으로 일어나는 일에 비추어 읽는 것은 거북스러운 일이다. 현재 일어나고 있는 일은 전체주의 정부들이 엄청나게 극단적인 형태로 수행했던 것의 반복처럼 보이기 때문이다. 사람들은 사회적 지위의 상실과 친숙한 세계의 소멸 때문에 일상적 삶의 거친 현실에서 도피하려는 욕망에 압도되어 있다. 이는 마치 직업과 안정된 삶과 사회적 진보라는 상식의 세계가 붕괴된 것과 같다. 이처럼 파편화되고 방향을 상실한 세계에서 사실적 진리는 더 이상 중요하지 않다. "대중에게 확신을 주는 것은 사실이나 심지어는 조작된 사실이 아니라, 자신들이 한 부분이라고 생각하고 있는 체제와의 일치일 뿐이다."[9] 무시당하고 잊혔다고 느끼는 사람들은 자신들이 경험하는 불안과 불행을 이해하게 해주는 내러티브— 곤궁에서의 구원을 약속하는 내러티브—를 열망한다. 그런 상황에서 전체주의 지도자는 사람들이 경험하고 있는 불안을 잘 활용해 거짓과 현실의 차이를 성공적으로 흐려놓을 수 있다. 논거와 사실에 대한 호소는 그런 선전에서 정말로 중요하지 않다. 호소력 있는 허구적 이야기는 사실적 진리와 현실 또는 논거에 대해 실패의 여지 없이 완벽하게 맞설 수 있다.

근자에는 새로운 형태의 거짓말이 등장했다. 이것은 아렌트가 "이미지 메이킹"이라고 불렀던 것인데, 이미지에 부합하지 않으면 사실적 진리라도 배제해버리는 것을 말한다. 이미지는 현실의 대체물이 된다. 그런 모든 거짓말은 폭력의 요소를 은닉한다. 조직적인 거짓말은 그것이 부정하려고 결심한 모든 것을 파괴하는 경향을 항상 지니고 있다. 전통적인 정치적 거짓말과 현대의 거짓말의 차이는 숨기는 것과 파괴하는 것의 차이다. 우리는 2016년 미국 대통령 선거에서 조작된 이미지들이 이미지 조작자 자신을 포함한 수백만의 인간에게 어떻게 현실이 되는지를 보았다. 자신의 주장이 명백한 거짓인데도 대통령은 자신의 취임식에 참여한 군중이 역사상 최대 규모라고 주장한다. 자신이 다수의 표를 얻지 못했다는 사실이 명확한데도 그는 이것이 부정투표 때문이라고 주장한다. 그리고 러시아가 대통령 선거에 개입했다는 증거가 있는데도 그는 이러한 "의견"은 자신의 직위에 관한 적법성에 의문을 품게 하려는 기만적 수단이라고 주장한다. 여기에 놓여 있는 진짜 위험은 무엇이 사실적인 진리인지와 무관하게, 충성스러운 추종자들이 믿기 원하는 이미지가 창조된다는 것이다. 그들은 그 이미지와 충돌하는 것이 무엇이건 "가짜 뉴스" 또는 자신을 속이기 원하는 엘리트들의 음모라고 일축하도록 고무된다. "현대사는 사실적 진리를 말하는 사람이 자신의 진짜 적보다도 더 위험하며 심지어 더 악의에 차 있다고 여겨진 수많은 사례가 있다."[10] 아렌트는 사실적 진리를 말하는 자들이 이미지를 만드는 사람들에게 승리할 것이라고 낙관하지 않았다. 사실적 진리 말하기는 이미지 메이킹에 대해 종종 무력하며, 현존하는 권력과의 정면충돌에서 패배할 수 있다. 그렇지만 아렌트는 궁극적으로 사실적인 진리가 끈질긴 힘이 있다고 생각했다. 이미지 메이커들은 이 점을 알고 있는데, 바로 이 때문에 그들은 불편부당한 진리를 추구하는 자유 언론과 기관들의 평판을 해치려고 애쓰는 것이다.

지금까지 나는 전체주의적 지도자들이 행하는 거짓말의 힘에 집중해왔다. 그들은 자기 자신의 거짓말을 믿게 된 사람들이다. 그런데 이미지에 압도된 또 다른 형태의 거짓말이 있다. 아렌트는 「정치에서의 거짓말」이라는 논문에서 이 점을 논의했다. 이 논문은 「펜타곤 문서」라고 불린 "일

2017년 1월 20일에 열린 도널드 트럼프 대통령의 취임식
트럼프 대통령은 트위터를 통해 자신의 취임식에 참여한 군중이
역사상 최대 규모라고 주장했다. 이는 명백한 거짓말이었다.

급비밀" 문서가 대중에게 공개된 사건에 대한 아렌트의 응답이었다. 1967년 6월, 당시 국방장관이던 로버트 맥나마라Robert S. McNamara, 1916~2009는 『베트남에 대한 미국의 정책 결정 과정의 역사』라는 47권 분량의 자료집을 편찬하도록 지시했다. 이 자료집을 작성하는 데 참여했던 대니얼 엘즈버그Daniel Ellsberg, 1931~ 는 인도차이나 반도에서의 미국의 역할이 풍부하게 문서화된 '역사'를 누설했다. 그 발췌본이 『뉴욕 타임즈』와 『워싱턴 포스트』에 게재되었다. 「펜타곤 문서」의 출간으로 제기된 핵심 쟁점은 기만—정부기관들이 미국 국민에게 체계적이고 지속적으로 행한 거짓말—이었다. 거짓말은 정부 부처와 군, 민간 등 모든 부분—"'토벌' 작전에 대한 가짜 설명, 공군의 조작된 피해 보고서, 자신이 수행한 일이 자신이 쓴 보고서로 평가된다는 것을 아는 하급자들이 전장에서 작성해 워싱턴으로 보낸 '경과' 보고서"—에 만연해 있었다.[11] 이는 모든 정부 부처에 걸쳐 온갖 종류의 사람이 연루된 엄청난 규모의 거짓이었다. 사실이 가진 취약성과 우선성 때문에 "기만은 아주 쉽게 어느 지점에까지 이를 수 있[었다.] ……기만은 결코 이성과 갈등을 일으키지 않는다. 왜냐하면 거짓말쟁이가 주장하는 것처럼 일이 실제로 그렇게 되었을 수도 있기 때문이다. 거짓말은 종종 현실보다 더 그럴듯하며 이성에 대한 호소력이 더 강하다. 왜냐하면 거짓말쟁이는 자신의 거짓말을 듣게 될 사람들이 듣고 싶어 하는 것이나 기대하는 것이 무엇인지를 사전에 알고 있다는 큰 강점이 있기 때문이다."[12] 거짓말쟁이는 자신의 이야기를 대중이 소비할 수 있도록 조심스럽게 그럴듯한 이야기로—사실적 현실보다도 더 그럴듯하게—준비한다.

「펜타곤 문서」가 그토록 충격적인 이유는, 이런 이미지 메이킹이 일어났을 때 정보 당국이 창작된 이미지와 모순되는 정확한 사실적 정보를 모두 제공했기 때문이다. 그런데 사실적 정보는 단순히 무시되거나 부정되었다. 사실적 진리를 모든 종류의 "사니리오"로 대체했던 정보부의 "문제해결사들"은 사실적 정보를 무시했다. 이 "문제해결사들"과 거짓말쟁이들의 공통점은 사실을 제거하려고 시도한다는 점이다. 그들은 자신들이 전능하다고 (잘못) 느끼고 있었다. 그들은—미국은 세계의 최강대국이라는—이미지에 압도되어 있었다. "전 지구적 정책으로서의 이미지 메이킹—세계정복이 아니라 '사람들의 마음을 사는' 전쟁에서 승리하기—은 사실상 역사에 기록된 인간의 어리석은 행위를 보관하는 거대한 창고의 새 품목일 뿐이다."[13] 여기에 등장하는 문제는 어떻게 이런 일이 일어날 수 있었는가, 어떻게 "문제해결사들"이 현장에서 일어나고 있는 사실적 실체를 그토록 완전히 무시할 수 있었는가 하는 것이다. "문제해결사들"과 "정책결정자들"은 자기 자신의 거짓말을 믿기에 이른 것이다. 아렌트는 여기에 새로운 전환이 있음을 주목한다. 그것은 마치 자기기만의 정상적 과정이 뒤집어진 것과 같다. 기만이 자기기만으로 귀결된 것이 아니라 오히려 자기기만이 **먼저** 왔다는 것이다.

기만자들은 자기기만으로 시작했다. 아마도 그들은 높은 지위와 그들의 놀랄 만한 자기확신 때문에, 전장에서가 아니라 홍보 영역에서의 압도적인 성공을 너무나 확신했기 때문에 그리고 사람들에 대한 조작의 무한한 가능성에 관한 심리학적 전제들의 타당성을 너무나 확신했기 때문에 사람들의 마음을 얻는 전쟁에 대해 전반적인 신념을 품고 승리를 **예측했다**. 그리고 어쨌든 그들은 사실성이 결여된 세상에서 살았기 때문에 다른 사실들에 대

해서뿐만 아니라 청중들이 받아들이기를 거부했다는 사실에 대해서도 쉽게 주목하지 않았다.[14]

아렌트는 우리에게 모호한 결론을 남겨놓았다. 그녀는 조직적 거짓말, 이미지 메이킹, 기만 그리고 자기기만에는 한계가 없다고 주장했다. 한편으로는, 압도적인 권력에 직면했을 때 진리를 말하는 자는 무기력해 보이는데도, 체계적인 정치적 거짓이 붕괴하기 시작하는 지점은 결국 다가온다. 정치적 거짓말은 사실적 진리를 파괴할 수 있지만 그것을 결코 대체하지는 못한다. 아렌트는 정치적 거짓말과 이미지 메이킹이 얼마나 효과적이며 또 얼마나 위험한지를 우리에게 가르쳐준다. 사실적 진리를 고수함으로써 거짓말의 힘에 도전할 수 있다고 믿는 것은 나이브하다. 이는 사실적 진리를 부정하고 조롱하고 파괴하는 이미지 메이커의 정교한 기술을 우습게 여기는 것이다. 그런 태도는 정치적 거짓말쟁이들이 얼마나 능숙하게 자유 언론이 "가짜 뉴스"의 출처라고 주장할 수 있는지를 평가절하할 뿐이다. 아렌트는 진리와 거짓의 구분 자체가 의문시될 때, 무엇이 거짓이고 무엇이 사실적으로 참인지에 대해 더 이상 신경

쓰지 않을 때 어떤 일이 발생하는지 그 위험에 대해 주목한다. 우리는 미국에서만이 아니라 전 세계적으로 일어나는 이런 경향에 직면하고 있다. 아렌트는 오늘날의 세계와 전체주의적 체제 사이의 안이한 비교에 대해 분명히 비판적이었다. 그러나 두려운 것—그리고 하나의 **경고**로 받아들여야 할 것—은 조작적인 거짓말과 허구적인 이미지 메이킹, 기만, 자기기만과 전체주의적 체제들이 완성한 기술 사이의 모든 유사점이다.

복수성, 정치 그리고 공적 자유

아렌트는 「진리와 정치」의 결론에서 다음과 같이 쓰고
있다.

[내가 거짓의 관점에서 정치를 다루고 있기 때문에] 나
는 정치의 내부에서 이루어지는 위대성과 그 품격에 대
해서는 간단히라도 언급할 기회가 없었다. 나는 정치영
역이 마치 당파적이고 상충하는 이익을 추구하는 전장
같아서 거기서는 단지 쾌락과 이익, 당파성, 지배욕 외에
는 아무것도 중요하지 않은 것처럼 말했다. 간단히 말해,
모든 공적 사안들이 마치 이익과 권력에 지배되고 있으
며 또 만일 우리가 생활에 필요한 것들을 다루지 않는다
면 그 어떤 정치영역도 존재할 수 없게 된다고 믿고 있는
것처럼 나는 정치를 다루어왔다.[1]

아렌트는 자신이 살아 있는 동안—그리고 지금도 지속적으로—정치의 특징을 구성한 거짓과 기만, 자기기만 그리고 폭력에 대해 현실주의적 이해를 분명히 지니고 있었다. 아렌트는 결코 무지하거나 감상적이지 않았다. 그녀가 언젠가 말했던 것처럼 정치는 보육이 아니다. 그녀는 전체주의의 전례 없던 특성을 탁월하게 분석했지만 그와 동시에 그녀는 정치의 품격을 회복하기를 바랐다. 정치가들을 향한 이토록 많은 의심이 존재하는 오늘날, 정치의 특정 형태 또는 모든 형태에 대해 냉소적이 되지 않기란 어려운 일이다. 아렌트는 정치적 행위에 관한 청사진이 존재할 수 있다고 믿지 않았다. 그러나 그녀는 셰익스피어의 『템페스트』에 나오는 진주조개잡이처럼, 한때 정치가 갖췄던 모습—그리고 아직도 가능한 모습—을 빛으로 비출 수 있는 진주와 산호를 과거의 잔해들과 단편들에서 건져 올릴 수 있을 것이라고 믿었다. 그녀가 지닌 긍정적인 정치관은 오늘날 정치에 부족한 것이 무엇인지를 판단할 수 있는 비판적 기준을 제공한다. 이것이 왜 오늘날 아렌트를 읽어야 하는지에 대한 또 다른 이유다.

많은 아렌트 주석가와 비평가는 그녀가 『인간의 조건』

1958a 에서 긍정적 정치관을 처음으로 펼쳐놓았다고 생각한다. 아렌트가 발전시킨 정치관은 그리스 폴리스와 로마 공화정에 대한 이상화된 관념에 아주 크게 의존하고 있었기 때문에, 오늘날에는 적실성이 없다고 비판받아왔다. 그러나 나는 이런 비판이 잘못된 것이라고 생각한다. 정치에 대한 그녀의 생각은 그리스도 로마도 아닌, 그녀 자신의 경험에서 출발한다. 우리는 이러한 점을 무국적 상태와 난민, 권리를 가질 권리, 권리를 갖지 못한 자들이 맞이하는 재난 등에 대해 논의하는 가운데 이미 보았다. 인간에게서 인간성을 박탈하는 것은 곧 정치체의 상실—개인의 권리를 기꺼이 보장하고 보호하려는 공동체의 상실—을 의미한다는 아렌트의 선언을 상기해보자. 팔레스타인에서의 유대인 조국 옹호와 아랍-유대평의회가 연방제 형태의 국가로 조직되어야 한다는 그녀의 주장에서 우리는 또한 긍정적 정치관의 씨앗을 발견할 수 있다. 그러나 가장 중요한 점은, 전체주의의 공포에 대한 깊은 생각과 총체적 지배의 최종목표—인간의 개별성과 자발성과 복수성의 파괴—에 대한 통찰이 정치의 의미에 대한 아렌트의 탐구방향을 이끌었다는 것이다. 정치에 대한 아렌트 사유의 기

초를 언급한 클로드 르포르 Claude Lefort, 1924~2010 의 다음 언급에는 통찰력이 있다.

나치식의 전체주의와 스탈린식의 전체주의 모두에 관한 아렌트의 전체주의 독해는 이후 그녀가 고심해 만든 정치이론의 세부 구성을 지배하고 있다. 그녀는 전체주의 이미지를 반전시킴으로써 정치를 개념화했고, 이것은 그녀가 정치의 모델—"모델"이라는 용어의 사용은 그녀의 의도에 반하는 것일 터다—을 찾는 것이 아니라, 정치의 특징이 가장 명료하게 식별될 수 있는 어떤 특권적 순간들—미국혁명과 프랑스혁명의 순간—가운데서 나타나는 정치에 대한 지침을 찾도록 이끌었다. 1917년 러시아에서 노동자평의회가 생겨난 순간과 1956년 헝가리혁명 당시 평의회가 나타난 순간도 그 목록에 더해질 수 있을 것이다.[2]

아렌트가 "정치의 특징이 가장 명료하게 식별될 수 있는 어떤 특권적 순간들"을 찾고 있었다고 썼을 때 르포르는 정치의 품위를 회복하려 했던 그녀의 정신을 포착한 것이다. 이것은 그리스 폴리스와 로마 공화정, 미국과 프랑스의 혁명에서 그리고 18세기부터 지금까지 나타났던, 아렌트가 "혁명정신"이라고 불렀던 것이 나타났던 사건들에 접근했을 때 품고 있었던 그 정신이었다.

나는 아렌트가 정치의 의미와 품격을 보여주기 위해 형성했던 개념들— 행위, 복수성, 탄생성, 말, 현상, 공적 공간, 공적 자유, 권력(강화), 설득 그리고 정치판단—의 복잡한 관계망을 탐구하고자 한다. 우리는 이런 개념들에 대한 아렌트의 독특한 용법에 면밀한 주의를 기울일 필요가 있다. 사유는 근본적인 문제들을 조명하기 위해 우선 조심스럽게 구분하는 과정을 필요로 한다. 『인간의 조건』에서 아렌트는 활동적 삶vita activa을 분석하는데, 이는 전통적으로 관조적 삶vita contemplativa과 대비되었던 것이다. 그녀는 활동적 삶을 구성하는 세 가지 서로 다른 유형의 활동, 즉 노동과 작업과 행위를 구분한다. 노동은 인간의 생존을 위해 필요한 유형의 활동이다. 인간은 자신의 신체적 필요를 충족시키지 않으면 생존할 수가 없다. 작업이란 안정된 삶을 가능하게 하는 인공의 세계—상당한 지속성과 항구성을 갖춘 세계—를 만드는 것과 관련된 활동이다. (아렌트의 독특한 의미에서의) 행위는 어떤 매개물 없이 인간 사이에 직접적으로 발생하는 유일한 활동이다. 행위는 복수성이라는 인간 조건에 상응하는 것이다. "인간 조건의 모든 측면이 어떻든 정치와 연관되지만, 이 복수성은 특히 모든 정치적 삶의 절대조건―필수조건일 뿐만 아니라 최고조건―이다."[3]

노동과 작업에 대한 아렌트의 논쟁적 구분에 대해 많은 중요한 문제가 제기될 수 있지만, 나는 정치의 핵심에 존재하는 활동인 행위 개념에 집중하고자 한다. 행위가 인간 조건인 복수성에 상응한다고 주장했을 때 아렌트는 무엇을 말하려 한 것인가? 복수성이란 우리 각자가 세계에 대한 차별화된 관점을 지니고 있다는 것을 의미한다. 우리는 이러한 차별성을 표현하고 또 우리가 누구인지를 공적으로 소통함으로써 자신을 차별화한다. 말과 행위가 우리가 누구인지에 대한 차별성을 드러낸다. 아렌트에게 행위란 개시하는 능력, 즉 새로운 어떤 일을 시작하는 능력이다. 이런 능력은 비록 잠복상태에 있거나 억압되고 있거나 또는 총체적 지배를 통해 파괴되거나 할 수는 있어도 모든 인간이 지니고 있는 능력이다. "말과 행위는 밀접한 관계에 있는데, 왜냐하면 근원적이고 특별히 인간적인 작용은 모든 신참에게 던져진 '너는 누구인가'라는 질문뿐만 아니라 그 대답까지 분명히 포함하고 있기 때문이다. 자신이 누구인지에 대한 이러한 드러냄은 그의 말과 행위 모두에 함축되어 있다."[4]

행위는 또한 탄생성에 근거를 두고 있다. "탄생에 새로움이 내재되었다는 것을 세계가 느끼게 할 수 있는데, 이는 신참이 어떤 새로운 것을 시작할 수 있는 능력, 즉 행위 능력을 갖추고 있다는 점 때문에만 그럴 수 있다."[5] 물론 탄생성이란 출생을 지칭하는 것이지만, 아렌트는 우리가 새롭게 시작하는 "제2의 탄생"을 강조한다. 비록 아렌트가 시작하고, 개시하고, 새로운 것에 착수하는 능력을 강조하기는 해도 우리는 고립되어서는 행위할 수 없다. 우리는 동료 인간들과 **공동으로** 행위[act in concert]하며 우리가 누구인지를 차별화된 개인으로서 드러낸다.

아렌트의 가장 독창적인 발상 가운데 하나가 공적 공간이다. 공적 공간은 자연적으로는 존재하지 않는다. 그것은 인간이 인위적으로 창조할 필요가 있는 것이다. 공적 공간은 우리가 서로 토론하는 가운데 행위하고 말하고 의견을 검증하는 공간이다. 엄격히 말해, 정치는 인간 **사이에** 발생한다. 아렌트는 정치와 공연예술의 유사성에 대해서도 강조한다. "공연예술가—무용가, 연극배우, 음악가 등—는 자신의 기교를 보여줄 관객을 필요로 하는데, 이는 마치 행위자가 그 앞에 나설 수 있는 타인의 존재를 필요로 하는 것과 마찬가지다. 공연예술가나 행위자는 모두 자신의 '작품'을 위해 공적으로 조직된 공간을 필요로 하며, 행위의 수행 그 자체를 위해 타인에게 의존한다."[6]

아렌트는 정치를 더 잘 설명하기 위해 정치적 평등을 의미하는 그리스 개념인 이소노미아isonomia를 이용한다. 전통적으로 볼 때 기본적인 정치적 질문은 누가 누구를 지배하며, 지배 유형의 차이는 무엇이며, 그 정통성은 무엇인가 하는 것이었다. 그러나 아렌트는 훨씬 더 급진적인 방식으로 정치에 대해 생각했다. 정치는 **무지배**의 형식a form of *no rule*이다. 정치는 다른 사람에 대한 개인 또는 집단의 지배가 아니다. 오히려 정치적 평등이 정치의 본질이다. 우리는 토론하고, 동료와 더불어 행동한다. 개인들은 평등하게 태어나지 않았다. 그들은 다른 능력과 재능이 있다. 그리스 폴리스에서 이소노미아는 "평등을…… 보장한다.

2016년 11월 27일에 열린 제5차 촛불집회
아렌트의 가장 독창적인 생각 가운데 하나가 공적 공간이다.
공적 공간은 우리가 서로 토론하는 가운데
행위하고 말하고 의견을 검증하는 공간이다.
정치는 인간 사이에 발생한다.

이는 모든 사람이 평등하게 태어났기 때문이 아니라, 이와는 반대로 인간은 자연적으로는…… 평등하지 않으며 따라서 법nomos을 통해 모든 사람을 평등하게 해줄 폴리스라는 인위적인 제도를 필요로 하기 때문이다. ……그리스 폴리스의 평등, 즉 폴리스의 이소노미아는 폴리스의 속성이지 인간의 속성이 아니며, 인간은 출생을 통해서가 아니라 시민권을 통해서 자신의 평등을 부여받는다."[7] 그리스 폴리스에서는 어느 누구도 자신의 동료 사이에서가 아니고서는 자유로울 수 없었다. 폴리스에서 자유는 오직 정치적으로 평등한 사람 사이에서만 존재했다.

그리스 정치사상에서 자유와 평등 간의 이러한 상호연관성을 고집한 이유는, 자유란 결코 모든 인간적 활동에서가 아니라 특정한 인간적 활동에서만 나타나는 것으로 이해되었다는 점 그리고 이러한 인간적 활동은 다른 사람들이 그것을 보고 판단하며 기억했을 때만 나타나며 현실적으로 된다는 점 때문이었다. 자유로운 인간의 삶은 다른 사람들의 존재를 필요로 했다. 따라서 자유 자체는 아고라, 시장 또는 폴리스처럼 사람들이 함께할 수 있

는 장소, 즉 적절한 정치적 공간을 필요로 했다.[8]

그리스 폴리스에서 나타나는 평등과 자유의 의미를 탐구하는 가운데 아렌트는 모든 참된 정치의 품격을 만들어내는 본질적 특징을 강조한다. 그녀는 "권리를 가질 권리"에 대한 자신의 논의에서 처음으로 그려냈던 것을 구체화한다. 그것은 개인들이 행위할 수 있고, 숙고할 수 있고, 또다른 사람들의 행위와 의견으로 판단받을 수 있는 정치체및 정치적 공간이라는 생각이다. 행위, 탄생성, 복수성 그리고 공적 공간 같은 개념들의 상호결합은 구체적이고 현실적인 공적 자유에 대한 더욱 심화한 검토의 토대를 형성한다.

「자유란 무엇인가」라는 논문에서 아렌트는 내적인 자유의지에 관한 철학적 자유의 문제와 공적이고 현실적인 자유에 관한 정치적 개념을 구분한다. 아렌트는 아우구스티누스 같은 사상가가 자유의지의 문제와 씨름하기 훨씬 전부터 그리스 폴리스에서는 공적 자유가 존재했었다고 주장한다. 자유의지에 관한 철학적 쟁점은 공적 자유가 사라지기 시작했을 때 등장했다. 정치적 영역에서의 자유와 그

것이 행위되는 경험 장(場)이라는 데 정치의 **존재 이유** _raison d'être_ 가 있다. 정치적으로 보장된 공적 영역이 없다면 자유는 그것을 출현케 할 공적 공간을 잃는다. 정치적 자유의 의미를 명확히 하기 위해 아렌트는 그리스 폴리스의 평등뿐만 아니라 19세기 **철학자들**이 설명한 공적이고 현실적인 자유의 성격도 규명한다.

> 그들의 공적 자유는 사람들이 세계의 압박에서 마음대로 도피할 수 있는 내적 영역이 아니며, 의지로 양자 중에 선택할 수 있게 하는 의지의 자유 _liberum arbitrium_ 도 아니었다. 그들에게 자유란 오직 공적으로만 존재할 수 있었고, 재능이나 능력이라기보다 오히려 사람들이 향유하고자 스스로 창조한 어떤 것, 즉 실제적인 지상의 현실이었다. 자유가 출현하고 모두에게 가시화되는 영역이라고 고대인들이 알았던, 시장 같은 인위적인 공적 공간이었다. [9]

진주조개잡이처럼 아렌트는 (단지 과거에서만이 아니라) 바로 지금 현실적이고 실제하는 공적 자유 — 전체주의 정부들이 파괴하려고 애썼던 유형의 자유 — 를 회복하기 위해 고대 그리스 및 18세기 철학자들에게로 돌아갔다. 이 자유는 미국 건국의 아버지들이 새로운 공화국을 건설하기 위해 공적 토론을 하는 가운데 드러내 보인 공적 자유다. 그리고 18세기부터 1956년 부다페스트봉기까지 혁명 정신이 등장한 모든 곳에서 살아 움직인 공적이고 실제적인 자유다. 공적 자유는 복수의 인간이 공적 영역에서 행위하고 토론하며, 의견들을 공유하고 검증하면서 서로를 설득하려고 노력할 때 발생하는 **적극적인** [10] 현세적 성취물이다.

아렌트는 또한 공적 자유와 해방을 조심스럽게 구분한다. 해방이란 항상 무엇 또는 누구**에게서의** 해방이다—그 해방이 가난의 비참함에서이든, 억압적 통치자에게서이든 말이다. 공적 자유와 해방의 구분은 아렌트의 구분 가운데 가장 중요한 것 중 하나이며, 해방과 자유를 혼합하거나 혼동하는 경향의 현대 정치에 대해 적실성을 지닌다. 예컨 대 2003년 이라크에서의 군사작전을 정당화하기 위해 부시 행정부가 동원한 핵심 주장 가운데 하나를 살펴보자. 미국의 대중은 후세인 정권의 전복과 더불어 자유가 이라크에 넘치고 또 중동 전체에 파급될 것이라고 생각하도록 유도되었다. 이제 우리는 그것이 재앙적 환상이었다는 것을 안다. 억압자에게서의 해방은 자유의 **필요**조건일 수 있지만 적극적인 공적 자유를 달성하기 위한 **충분**조건은 결코 아니다. 폭군, 독재자, 전체주의 지도자를 넘어뜨리는 것 자체가 적극적이고 실제적인 자유를 가져오지는 않는다. 심지어 오늘날 IS와의 전쟁에서도 "군사적 승리"가 그 지역에 공적 자유를 가져오리라는 아무런 보장이 없다는 것은 분명하다.

공적 자유와 해방의 구분이 중요한 또 다른 이유가 있다. 수많은 자유주의 및 자유지상주의 사상가는 자유와 소극적 자유를 동일시하는 경향이 있다. 우리는 국가나 정부의 '강제력'은 어떠한 것이라도 최소화하거나 제거해야 자유롭다고 생각한다. 이런 사상가들은 적극적인 공적 자유라는 관념에 깊은 의심을 품는데, 왜냐하면 그들은 그런 자유가 억압과 심지어는 전체주의로 가는 미끄러운 경사로 우리를 이끈다고 생각하기 때문이다. 공적 자유에 대한 아렌트의 특징적 설명은 그것이 모든 형태의 권위주의적인 억압과 지배에 반대한다는 점에서 매우 인상적이다. 아렌트는 공적 자유에 대한 자신의 생각을 권위주의적 지배와 전체주의에 대한 해결방안으로 발전시켰다.

아렌트의 정치 개념은 그녀의 권력 개념, 즉 그녀가 폭력과 대척점에 놓은 권력 개념과의 연관성을 이해할 때 더 깊게 파악할 수 있다. 「폭력론」이란 논문에서 아렌트는 "모든 정치는 권력투쟁이다. 권력의 궁극적 형태는 폭력이다"라고 강력하게 주장한 라이트 밀스C. Wright Mills, 1916~62를 인용한다. 밀스의 선언은 "베버가 국가에 대해 '적법한 폭력, 즉 적법한 것으로 추정되는 폭력수단에 기초한, 인간에 대한 인간의 지배'라고 정의한 것"[11]을 반영하고 있다. 권력에 대한 이처럼 아주 확고한 대중적 패러다임은 역사가 오래되었다. 권력 개념은 타자에 **대한**over 개인이나 집단 또는 국가의 지배를 의미하는 데 사용되었다. 그것은 명령과 복종을 포함한다. 만일 이것이 권력이란 말을 이해하는 일반적 방식이라면, 권력의 궁극적 형태가 폭력이라는 주장은 전적으로 의미 있는 것이 된다. 아렌트는 이런 전통적 권력 개념을 잘 이해하고 있었다. 『전체주의의 기원』에서 아렌트는 전체주의 정부들이 그런 권력 개념을 가장 극단적인 데까지 몰고 갔다고 주장한다. 그러나 아렌트는 정치의 품격을 옹호하려고 노력하며 이런 지배적인 권력 개념을 비판한다. 권력과 폭력은 구분할 수 있을 뿐만 아니라, 서로 **대립적인** 개념이다. 진짜 정치가 이루어지는 곳에서는 합리적인 설득이 존재하지 폭력이 존재하지 않는다. 반대로 폭력이 지배하는 곳에서는 폭력이 권력을 파괴한다.

권력은 단순한 행위가 아니라 공동의 행위 to act in concert 를 할 수 있는 인간의 능력에 상응한다. 권력은 결코 한 개인의 속성이 아니다. 그것은 집단에 속하며 그 집단이 함께 있는 한에서만 존재한다. 우리가 어떤 사람에 대해 '권력 가운데' 있다고 말할 때, 실제로는 대다수 사람이 자신의 이름으로 행동함으로써 그에게 힘을 실어준다는 것을 의미한다. 권력이 비롯된 그 집단이 사라지는 순간(권력은 인민에게[potestas in populo], 민족 또는 집단 없이는 권력이 없다) '그의 권력' 또한 소멸한다.[12]

이 문장들을 조심스럽게 분석해보자. 우리가 이미 보았듯이 행위한다는 것은 혼자서 하는 것이 아니라 우리가 서로 간에 만들어낸 공적 공간에서 우리 동료 인간들과 함께 공동으로 행위하는 것을 의미한다. 권력이란 공동으로 행위할 수 있게 하는 것이다. 결론적으로, 한 개인의 특징을 나타내는 강성strength과는 달리, 권력은 한 개인의 속성이 결코 아니다. 그것은 공동으로 행위하는 집단의 속성이다. 이는 아렌트가 이소노미아를 말한 방식과 흡사한데, 이소노미아는 한 개인의 속성이 아니라 정치공동체의 속성이기 때문이다.

아주 중요한 점은 집단의 권력은 집단이 함께 행위하는 동안에만 존재할 수 있다는 것이다. 정치집단이 해체되거나 흩어지면 그들의 권력은 사라진다. 어떤 사람이 "권력이 있다"라고 아렌트가 말할 때 이는 정치지도자를 가리키는 말이다. 권력이 있는 사람은 집단의 구성원들에 **대해 지배하는** *rule over* 것이 아니다. 그는 집단의 구성원들게 권력을 위임받은 것이고, 따라서 그들은 권력을 부여했던 그 개인 (또는 집단)에게서 자신의 권력을 항상 철회할 수 있는 것이다. 아렌트의 권력 개념(과 정치이해)에서 굉장히 놀라운 점은, 그것을 수직적이고 위계적인 방식, 즉 한 개인이나 집단이 다른 개인이나 집단에 **대해** *over* 지배하는 통제로 이해해서는 안 된다는 점이다. 권력은 수평적인 개념이다. 그것은 복수의 개인이 함께 행위하고 서로를 정치적으로 동등한 존재로 여길 때 나타나고 성장하는 것이다.

> 권력은 인간들이 행위를 목적으로 서로 연합할 때, 오직 그 조건에서만 등장하고, 어떠한 이유로든 그들이 흩어지고 헤어질 때 소멸한다. 따라서 결속과 약속, 결합과 서약은 권력이 지속적으로 존재하게 하는 수단이다. 사람들이 어느 특정한 행위 또는 활동의 과정에서 자신들 사이에 출현했던 권력을 계속 유지하는 데 성공하는 때와 장소에서, 그들은 또한 공동체의 기초를 놓는 과정, 즉 그들 행위에 결합된 권력을 안주할 수 있게 하는 안정적인 '현세적' 구조를 구성하게 된다.[13]

사람들이 함께 행위할 때 권력과 권력위임이 창조된다는 이러한 개념을 염두에 둘 때에만 우리는 왜 아렌트가 권력과 폭력이 서로 반대되는 것이라고 주장했는지를 이해할 수 있다. 폭력은 본질적으로 반-정치적이다. 그것은 권력을 파괴하기 위한 도구요, 폭탄이며, 정교한 기술적 장치다. "폭력은 항상 권력을 파괴할 수 있다. 총구에서 가장 효과적인 명령이 나와서 가장 즉각적이고 완전한 복종으로 귀결될 수 있다. 총구에서 결코 나올 수 없는 것은 권력이다."[14] 게다가 현존하는 정권이 자신의 권력을 상실하기 시작할 때 그 정권은 폭력에 의존한다. 그러나 폭력이 권력을 파괴할 수 있는 것과 마찬가지로 권력도 폭력을 압도할 수 있다. 이러한 권력위임으로서의 효율성을 우리는 간디와 미국의 민권운동 사례에서 목격했을 뿐만 아니라 많은 동유럽 국가에서 공산주의 정권들을 전복시킨 운동 가운데에서도 목격했다. 이러한 각각의 사례에서 우리는 비폭력적 권력의 성장과 효과와 효율성의 예를 찾을 수 있다. 물론 아렌트는 "현실적" 세계에서 우리가 통상적으로 폭력과 권력의 결합을 발견하게 된다는 점을 알고 있다. 그렇지만 위임된 권력과 폭력을 조심스럽게 구분하는 것은 정치적으로 중요하다. 아렌트는 권력위임과 공적이고 실제적인 자유에 관한 핵심적인 무엇을 포착하려고 애쓴다.

정치에 대한 아렌트의 두꺼운 설명―정치의 품위를 보여주기 위해 의도된 설명―을 간략히 하기 위해 나는 정치에서 설득과 판단의 중요성을 논해보고자 한다. 정치에 대한 자신의 분석 전반에 걸쳐 아렌트는 행위와 말의 밀접한 연관성을 강조한다. 정치의 근본이 되는 말의 유형은 우리가 공동의 세계를 공유하고 있는 동료 인간들을 설득하려고 애쓰는 곳에 존재한다. 설득은 동료들과의 자유롭고 개방적인 토론과 논쟁 및 판단의 실천을 포함한다. 「문화의 위기」라는 논문에서 아렌트는, 칸트가 쓰지 않았던 정치철학이 명백히 미적 판단을 다루고 있는 『순수이성비판』 제1부에서 실제로 발견된다는 충격적인 주장을 한다. 그녀가 염두에 두고 있는 것은 반성적 판단, 즉 특수자를 어떤 보편적 규칙에 귀속시키지 않고서 그 특수자 자체를 생각하는 사유의 양상에 대한 칸트의 분석이다. 판단은 차별화를 포함하며, 어떤 사람이 직면하게 되는 특수한 상황의 특징을 식별한다. 판단은 다른 모든 사람의 관점에서 생각할 수 있도록 상상력을 발휘하는 "확장된 심성"을 요구한다.

  판단하는 사람은 — 칸트가 매우 아름답게 표현한 것처럼 — 결국 다른 사람과의 의견일치에 도달하려는 희망에서 단지 "다른 모든 사람의 동의를 호소"할 뿐이다. 이 '호소' 또는 설득은 그리스인들이 '페이테인'peithein이라고 불렀던 것, 즉 사람들이 서로 말을 나눈다는 전형적인 정치형식으로 그들이 여긴, 확신시키고 설득하는 언어에 밀접하게 조응한다. 설득은 물리적 폭력을 배제했기 때문에 폴리스 내의 시민의 상호작용을 지배했다.[15]

칸트는 취미라는 기능에 판단의 기초를 놓았다는 점에서 특별한 통찰력을 보였다. 취미는 사적이고 주관적인 감정과 동일시되어서는 안 되는 것이다. 취미는 우리를 공동체에 꼭 들어맞게 하는 감각인 공통감각sensus communis에 근거한다.

칸트를 인용하면서 아렌트는 판단에 대한 자기 자신의 이해를 전개한다. 그것은 주관적 감각의 표현도 아니고 순수한 추론을 특징으로 하는 보편성도 아닌, 독특한 사유의 양태다. 그런데 이런 사유가 정치에는 본질적인 것이다. 아렌트가 제시한 정치판단 개념의 핵심적 특징 다수가 다음의 인용문에 집약되어 있다.

판단의 힘은 타인과의 잠재적 합의에 근거하고 있으며, 무엇인가를 판단할 때 작용하는 사유의 과정은 순수한 추론의 사유 과정처럼 나와 나 자신의 대화인 것은 아니다. 비록 내가 결정할 때는 완전히 나 혼자나 다름없기는 하지만, 판단의 과정은 내가 최종적으로 합의에 도달해야 할 사람들과의 예상되는 의사소통 속에 늘 우선적으로 놓여 있다. 이러한 잠재적 합의에서 판단은 그의 특수한 타당성을 도출한다. 이는 한편으로는 그러한 판단이 "주관적이고 사적인 조건"에서 해방되어야 한다는 것을 의미한다. 즉 프라이버시 안에 머물고 있는 각각의 개인의 외적 모습을 자연적으로 결정하며, 따라서 그들이 오직 사적으로만 지닌 의견인 한에서는 적법하지만 그러나 시장으로 들어가기에는 적합하지 않으며, 공적 영역에서는 타당성을 전적으로 결여한 것인 특이성에서 판단은 해방되어야 한다는 것이다. 다른 한편으로, 이 확장된 사유방식은, 판단처럼 자신의 개별적 한계를 초월하는 방법을 알고 있기 때문에, 엄격한 고립과 고독 속에서 기능할 수 없다. 그것은 "그 관점을 대신해서" 사유해야 하고 그 관점을 고려해야 하며 또한 그 없이는 결코 작동할 기

회조차 얻지 못하는 타인의 현존을 필요로 한다.[16]

나는 지금까지 행위, 복수성, 탄생성, 말, 공적 공간, 평등, 실제적인 공적 자유, 권력, 의견, 설득 그리고 판단이라는 개념들의 상호의존성과 상호결합성을 탐구하면서 정치의 의미와 품격에 대한 아렌트의 설명을 풀어보고자 했다. "정치의 진짜 모습" 또는 "정치가 의미하는 것"이 무엇인지에 대해 말하면서 아렌트는 자신이 오늘날의 일반적인 정치이해와 자신의 분석을 견줘보고 있음을 알고 있었다. 그녀는 "정치영역의 위축이 근대의 입증할 수 있는 객관적인 경향성 가운데 하나다"[17]라고 강력하게 느끼고 있었다. 이제 제기되어야 할 질문은, 정치의 의미와 품격에 대한 그녀의 분석이 오늘날 우리에게 적실성을 지니느냐는 점이다. 나는 여기에 대해 몇 단계로 대답하고자 한다. 첫째, 나는 아렌트의 정치관이 "단지" 이론적인 것만은 아님을 밝히려고 한다. 나는 그녀가 정치가 실천되었던 예증적이고 특권적인 순간 가운데 하나로 생각했던 미국혁명을 검토할 것이다. 둘째, 나는 아렌트가 "혁명정신"이라고 한 말의 의미를 탐구하려 한다. 셋째, 나는 아렌트가 현재의 정치

실패를 판단할 수 있는 비판적 관점을 어떻게 제공하는지 그리고 정치적 행위에 대한 영감의 근원을 어떻게 제공하는지를 보여줄 것이다.

미국혁명과 혁명정신

아렌트가 아주 상세하게 논의한 정치 패러다임에 해당하는 예는 미국혁명이다.『혁명론』에서 아렌트는 혁명의 근대적 의미를 분석하면서 미국혁명과 프랑스혁명을 날카롭게 구분했다. 현대적 의미의 혁명을 반란과 혼동하거나 동일시해서는 안 된다. 폭군이나 압제자에게서 해방되려는 목적으로 일어난 반란은 그 역사가 오래되었다. 그러나 18세기에 등장한 혁명의 근대적 관념은 해방과 자유를 모두 포함한다. 아렌트에게 자유는 자신의 정치관에서 상세하게 설명한 공적이고 실제적인 자유를 의미한다. 반란의 목표는 해방이지만, 혁명의 목표는 자유의 기초 놓기다. 미국혁명과 프랑스혁명은 모두 이 길에서 시작했지만, 프랑스혁명은 "사회적 문제", 즉 빈곤의 질곡에 압도되어버려, 결국 폭력과 공포로 이어졌다. 미국의 식민지들에서도 비록 가난과 노예제도가 분명히 존재하기는 했지만 분명하게 드러나지 않았고 숨겨졌다. 그것은 프랑스의 극단적인 상황과는 비교될 수 없었다. 절대군주제에서 고통받았고 또 진정한 자치정부를 실천해본 경험이 없는 프랑스와 달리 미국의 식민지들은 메이플라워 협약까지 거슬러 올라가는 자치정부의 오랜 전통을 경험했다.

원래 미국에서 식민지를 만들었던 이들은 브리튼의 압제에 대항해 영국민으로서 자신의 권리를 **회복**하기를 원했었다. 그들은 혁명가들이 아니었다. "해방을 얻기 위해 했던 그들의 행위와 활동들은 그들을 공적인 업무 속으로 던져놓았다. 그들은 의도적으로 또는 대부분 경우에는 예상외로, 자유가 매력을 펼쳐 가시적이고 구체적인 현실이 될 수 있게 하는 출현의 공간the space of appearances을 구성하기 시작했다."[1] 브리튼에 대한 해방전쟁은 혁명의 심장을 구성하는 것이 아니었다. 오히려 미국의 국부들은 자신들이 무엇인가 새로운 것을 창조하는 과정, 새로운 정치체의 기초를 닦고, 과거에는 결코 존재하지 않았던, 새로운 공화국을 만드는 과정에 있다는 것을 깨달았다. 이런 혁명정신은 식민지들이 독립을 선언했던 것과 거의 같은 시기에 수행된 헌법제정의 열기로 표현되었다. "왜냐하면 미국에서는 식민지들의 무장봉기와 독립선언에 뒤이어 헌법제정이 자발적으로 시작되었기 때문이다. 애덤스의 말처럼 마치 '마치 열세 개의 시계가 하나처럼 울리듯이' 말이다. 따라서 자유를 위한 조건인 독립투쟁이었던 해방전쟁과 신생 주들의 헌법제정 사이에는 시간적 격차와 틈, 또는 숨쉴 틈이 거의 없었다."[2]

미국혁명을 해방전쟁으로 규정한 많은 역사가와는 달리 아렌트는 헌법제정이야말로 참된 혁명적 요소라고 강조한다. "헌법"Constitution이란 다중적인 표현이다. 그것은 헌법제정 행위를 의미할 수도 있고 또 구성되는 정부의 법률들을 의미할 수도 있다. 과정과 결과 모두 중요하지만 아렌트는 **헌법제정 행위** 자체를 강조한다. 이는 토론과 숙고, 경쟁과 의견이 공유되는 장이다. 아렌트는 미국의 헌법제정 경험을 요약한 토머스 페인Thomas Paine, 1737~1809의 다음과 같은 정의에 동의한다. "헌법은 정부의 행위가 아니라 정부를 구성하는 인민의 행위다."[3] 공적 자유는 식민지들이 자기 자신의 주헌법을 작성하고 다시 필라델피아에서 연방헌법의 초안을 만들었을 때 등장했다. 연방헌법의 초안은 적어도 아홉 식민지의 인준이 필요했다. 주의 특별 의회에서 새로운 헌법의 장점과 결함에 대해 격렬히 토의했다. 헌법 초안 작성자들의 마음을 사로잡았던 것은 무엇보다도 권력의 분립과 주와 연방정부 간 권력의 균형이었다. 미국 헌법의 참된 목표는 권력을 제한하는 데 있지 않고 새로운 권력—무엇에 대한 권력이 아니라 연방정부에 권력위임—을 창출하는 데 있었다. 물론 이것은 권리장전과 결합되었는데, 이는 새로운 정부의 권력남용에 제한을 두기 위해 설계된 것이었다. 미국 헌법은 결국 혁명의 권력을 강화하게 되었다. 제한정부, 권력의 분립, 주들과 권력을 위임받은 연방정부 사이의 권력균형 등의 결합이 미국혁명의 독특한 업적이었다.

미국혁명에 대한 이러한 간단한 묘사는 아렌트가 정치의 품격에 관한 특징으로 명시했던 것의 전형적인 예다. 미국의 국부들은 새로운 정치체, 새로운 공화국을 창조하기 위해 공동으로 행위했다. 그들은 새로운 형태의 정부에 권력을 위임했다. 비록 지역 자치정부의 오랜 전통이 있었지만, 국부들은 자신들이 모습을 드러내고 서로 논쟁을 벌일 수 있는 새로운 공적 영역을 창출했다. 그들은 이것을

1787년 5월에 미국 필라델피아에서 열린 헌법제정회의를 묘사한 그림
아렌트는 미국혁명의 핵심이 헌법제정이라고 보았다.
그는 미국의 헌법제정에 관한 토머스 페인의 정의,
즉 "헌법은 정부의 행위가 아니라
정부를 구성하는 인민의 행위다"라는 설명에 동의한다.

부담으로 여기지 않고 자신의 공적 자유를 경험하는 기쁨으로 여겼으며, 그래서 그들은 이를 "공적 행복"이라고 불렀다. 국부들은 많은 점에서 서로 몹시 첨예하게 대립했지만, 그런데도 그들은 서로를 정치적으로 동등한 존재로 여겼다. 그들은 격렬하게 논쟁하고 설득했으며 필요한 경우에 타협했다. 물론 해방전쟁에서는 폭력이 개입되었지만, 새로운 공화국을 창출하는 혁명적 성취에서 폭력은 어떠한 역할도 **하지 않았다.** 미국혁명은 정치의 의미와 품격이 구체적으로 드러났던, 역사의 특권적 순간 가운데 하나였다.

아렌트는 미국혁명을 찬양했고 그 "성공"에 대해 말했지만, 미국혁명의 인준 **이후에** 일어났던 일에 대해서는 극도로 비판적이다. 혁명정신의 특징이 무엇인지를 기억하고 개념적으로 이해하는 데 실패했다는 것이다. 또한 혁명정신을 지속할 정치기구를 만드는 데도 실패했다. 공화국을 건립하도록 이끌었던 바로 그 특질들이 활동할 수 있는 공간을 보존하지 못했다. 해결할 수 없는 깊은 당혹감만이 남았다. "이 난관은, 어떤 혁명도 그것 없이는 성공할 수 없는 공적 자유와 공적 행복이라는 원리가 건국

선조 세대들의 특권으로 남아버렸다는 것이다."⁴ 문제는
어떻게 그런 안정적이고 지속적인 정치기구들을 만들어,
혁명적 국부들이 그토록 소중히 여겼던 공적 자유와 공적
행복이 지속적으로 번성할 수 있도록 하느냐는 것이었다.
토머스 제퍼슨Thomas Jefferson, 1743~1826은 이 문제를 가장
예리하게 인식하고 해결하기 위해 노력했던 사람이었다.
혁명은 사람들에게 자유를 부여했는데도, 후속 세대들이
이 자유를 지속적으로 행사할 수 있도록 할 정치제도를
창출하는 데 실패했다고 그는 생각했다. "국민 자신이 아
니라 국민의 대표들만이 적극적 의미에서의 자유로운 활
동을 의미하는 '표현하고 논의하고 결정하는' 행위에 참
여할 기회를 얻었다."⁵

나중에 제퍼슨은 대표자들만이 아니라 국민이 직접 자
신들의 공적 자유를 표현할 수 있는 지역구local wards 체계
또는 "기초 공화국elementary republics" 체계를 제안했다. 이것
은 미국에서만 나타난 완전한 새로운 것이 아니었다. 그
것은 지역 시민이 자신의 자치정부에 직접 참여하는 타운
미팅에서 실천했던 것이었다. 제퍼슨의 가장 큰 두려움은,
그런 활동적인 "기초 공화국" 없이는 공적 자유의 정신이

사라지고 말 것이라는 점이었다.

제퍼슨은 자신이 제안했던 "공화국의 구원"이 실제로는
공화국을 통한 혁명정신의 구원이었다는 점을 충분히 알
고 있었다. 지역구 체계에 대한 그의 설명은 항상 어떻
게 "혁명 초기에 혁명에 부여된 열정"이 "소규모 공화국
들" 덕분이었는지, 어떻게 이것들이 국가 전체를 열정적
행위로 몰아넣었는지 그리고 이후에 어떻게 그가 정부
의 기초들이 뉴잉글랜드구 때문에 [자신의] 발밑에서 흔
들리고 있음을 느꼈는지에 대한 회상으로 시작된다. "이
조직의 에너지"는 너무나 강력했기 때문에, "모든 여세를
몰아 주의 조직을 가동하지 않았던 지역구는 이들 주 내
에는 하나도 없었다." 따라서 그는 시민이 혁명 기간 중
에 행했던 것, 즉 스스로 행동하고 따라서 매일 이루어지
는 공공 업무에 참여하는 일을 지속할 수 있도록 지역구
들이 허용하기를 기대했다.[6]

제퍼슨을 인용하면서 아렌트는 **자신의** 목소리로 말한
다. 미국혁명에 대해서뿐만 아니라 18세기 이후에 이루어

진 혁명정신의 자발적 발발에 관해서 말이다. 이 혁명들은 "자유의 섬"[7]을 창출했다. 각각의 사례에서 시민 스스로 자발적으로 평의회를 만들었다. 그녀는 프랑스의 혁명자회 societés revolutionnaires, 1871년의 파리코뮌, 1905년에 만들어지고 1917년에 다시 등장한 러시아의 소비에트 그리고 독일의 스파르타당이 일으킨 봉기에 등장한 래테 Räte 등을 혁명정신이 드러난 사례로 인용했다. 이런 평의회들은 시민의 자발적인 조직으로 등장했고, 또한 "빈번히 전문적.혁명가들에게" 신속히 파괴당했다. 아렌트는 이처럼 드물게 나타나는 "자유의 섬"이 프랑스 레지스탕스 가운데서 다시 등장했었다고 생각했다. 갑자기 다시 한번, "사전예고도 없이 자신들이 원한 바와도 달리", 프랑스 레지스탕스들은 "싫든 좋든 하나의 공적 영역"을 구성했다. 이 영역에는 "관료 체제의 장치도 없었고 친구와 적 모두의 눈에 띄지 않았으며, 그 나라에서 일어나는 일에 관련한 업무가 행위와 말 가운데서 수행되었다."[8] 아렌트가 좋아한 프랑스 시인이자 작가 가운데 한 사람인 르네 샤르 René Char, 1907~88는 프랑스 레지스탕스의 일원이었다. 아렌트는 "우리의 유산은 어떠한 언약도 없이 우리에게 남겨졌다"라는 그의 경구를 자주 인용했다. 아렌트는 이 말을 프랑스 레지스탕스가 경험했던 실제적인 자유라는 "잃어버린 보물"을 가리키는 말로 해석했다.

아렌트는 전체주의로 결정화되는 저류를 이루는 요소 가운데 많은 것이 오늘날에도 여전히 존재하고 있다고 경고하면서도, 또한 1776년 미국의 여름과 1789년 파리의 여름부터 1956년 부다페스트의 가을에 이르기까지의 혁명들의 역사는 정치적으로 근대의 가장 내면적인 이야기를 상세히 설명한다고 주장했다. 이 이야기는 "오래된 보물 이야기처럼 우화 형식으로 말해질 수 있을 것이다. 이 보물은 마치 신기루처럼 아주 다양한 상황에서 신비롭게, 돌연 예기치 않게 등장했다가 다시 사라진다."[9] 그 기억을 생생히 유지하기 위해 아렌트가 회복하려 했던 것이 바로 이 "잃어버린 보물"이다. 그런데 이는 과거에 일어났던 일에 대한 기억처럼 단순히 떠올림으로써가 아니라, 오히려 우리의 탄생성, 즉 행위하고 개시하고 새로운 것을 시작할 수 있는 우리의 능력에 뿌리내리고 있는 진정한 가능성을 호명함으로써 회복할 수 있다.

혁명정신의 분출과 평의회 체제의 등장에 대한 아렌트

의 가장 열정적이고 생생한 묘사는 1956년의 부다페스트 봉기에 대한 논문에서 찾을 수 있다. 비록 그 봉기는 12일 밖에 지속되지 못했고 소련의 탱크에 짓밟혔지만, 그런데도 그 봉기는 인민이 함께 행위하고 자기 자신의 공적 자유를 창조한 감격적인 경험을 보여주었다. 혁명평의회와 노동자평의회가 자발적으로 만들어졌는데, "이와 동일한 조직은 지금까지 100년 이상 사람들이 수일 또는 수주일 또는 수개월 동안 위로부터 부여되는 정부 프로그램 (또는 정당 프로그램) 없이 자기 자신의 정치적 장치를 따르기로 허용했을 때마다 등장해왔다."[10]

헝가리에서 우리는 모든 종류의 평의회가 자발적으로 형성되는 것을 보았다. 이들 각각은 과거에 이미 존재해온 집단과 일치하는데, 여기서 사람들은 늘 함께 살아왔고 정기적으로 만났으며 서로를 전부터 알고 있었다. 그래서 이웃의 평의회들은 순전히 함께 살아가는 것에서 나타났고, 군이나 다른 지역적 평의회들로 성장했다. 혁명적 평의회들은 함께 싸움으로써 성장했다. 작가 및 예술가들의 평의회는 카페에서, 학생들과 청년들의 평의회는

1956년의 부다페스트봉기(헝가리혁명)
아렌트는 1956년의 부다페스트봉기를 굉장히 강조하는데,
비록 12일밖에 지속되지 못한 '실패한 혁명'이었는데도
인민이 자발적으로 함께 행위하고
공적 자유를 창조한 감격적인 순간이라고 평한다.

대학에서, 군사평의회는 군대에서, 공무원평의회는 공무원 사무실에서, 노동자평의회는 공장에서 탄생했다고 생각되었다. 이질적인 집단들의 평의회 형성은 단순히 우연적인 함께함에서 정치적 제도로 바뀌었다.[11]

평의회에 대한 아렌트의 이 모든 칭송에도 불구하고 나는 제퍼슨을 그토록 우려하게 했던 문제, 즉 혁명정신을 담지할 안정적이고 지속적인 정치기구를 어떻게 발견할 것인지의 문제를 그녀가 해결했다고 생각하지는 않는다. 평의회들이 자발적으로 등장했을 때마다 그것들은 급속도로 파괴되었다. 그러나 그녀는 오늘날 우리에게 여전히 적실성이 있는 이들 평의회의 정신에 관한 중요한 무엇을 포착한다. 그녀는 다음의 글에서 오늘날 많은 사람이 깊이 느끼고 있는 바를 표현해내고 있다.

평의회는 우리의 참여를 원한다, 우리의 토론을 원한다, 우리의 목소리가 대중에게 들려지기를 원한다 그리고 우리가 우리나라의 정치 과정을 책임지고 결정하기를 원한다고 말합니다. 이 나라는 모두 함께 나와 우리의 운명

을 결정하기에는 너무나 크기 때문에 우리는 그 안에 수
많은 공적 영역을 필요로 합니다. 우리가 우리의 표를 넣
을 투표함은 의심할 바 없이 너무나 작습니다. 왜냐하면
이 부스는 오직 한 사람만을 위한 공간이기 때문입니다.
정당은 완전히 부적합한 것입니다. 거기서 우리는 대부
분 조작된 투표자에 불과합니다. 그러나 만일 우리 가운
데 오직 열 명만 테이블에 둘러앉아 각자가 자기의 의견
을 표현하고 각자가 다른 사람의 의견을 듣는다면, 그때
는 의견의 합리적 형성이 의견의 교환을 통해 발생할 수
있습니다.[12]

아렌트는 자신에게 항상 근본적이었던 것과 우리에게
근본적이어야 할 것—시민이 그들의 목소리가 공적으로
들려질 수 있도록 하고 그들의 정치적 삶을 날카롭게 벼리
는 진정한 참여자가 되도록 하는 열망—을 표현했다. 그
녀는 공적 자유가 살아 있는 현실이 되는 곳에서 혁명정신
의 발견과 개념화를 시도했다. 아렌트는 정치와 공적 자유
를 잠식하고 변형하고 억압하는 근대 사회의 지배적 경향
들에 대한 예민한 감각이 있었다. 그녀는 생전에 1956년의

부다페스트봉기에서 그리고 미국에서의 초기 민권운동에서 공적 자유가 살아 있는 현실이 되는 것을 보았다. 만일 그녀가 계속 살아서 1980년대에 동유럽 및 중부유럽에서 정치운동이 일어나 확산되는 것을 보았더라면 그녀는 그 것들을 혁명정신의 권력, 즉 개인들이 공동으로 행위할 때 발생하는 권력의 추가적 사례로 인용했을 것이다. 이런 일들은 테이블 주위에 둘러앉아 의견을 나누고 토론하는 사람들로 구성된 작은 집단에서 시작되었다. 폴란드의 아담 미치니크^{Adam Michnik, 1946~} 같은 이 운동의 지도자들은 아렌트의 저술에서 영감을 얻었다. 아렌트가 오늘날 그토록 적실성을 지닌 이유는 시민이 함께하고 공동으로 행위하며, 공적 자유를 실천하고 역사의 경로를 바꿀 수 있는 가능성에 대한 깊은 확신에 더해, 전체주의로 결정화되었던 것이 오늘날에도 현저하게 나타나는 경향들에 대한 엄중한 경고가 결합되어 있었기 때문이다.

개인의 책임과 정치적 책임

책임은 아렌트의 삶과 저술 전반을 다양한 방식으로 관통하고 있는 주제다. 사적인 삶의 경우에, 아렌트가 1933년에 독일에서 망명했을 때 나치에 저항하기 위해 실천적인 일에 참여함으로써 책임지려고 했던 것을 우리는 보았다. 1940년대 초에는 유대민족이 국제적 군대를 꾸리고 다른 군대들과 연합해 히틀러와 싸워야 할 책임이 있다고 주장했다. 극단적 이데올로기에 점거된 시온주의운동이 팔레스타인에서의 아랍-유대인 문제의 복합성을 무시하고 있다고 생각했을 때는 그것에 반대를 표명하는 것이 자신의 책임이라고 느꼈다. 제2차 세계대전이 끝났을 때 그녀는 책임의 다른 측면들에 대해 논의했다. 그녀는 살인자였던 과거 나치들을 숨아내어 재판에 회부하는 일에 미온적이었던 독일의 아데나워 행정부에 몹시 비판적이었다. 그녀는 집단적 죄라는 개념을 강하게 거부했다. 그것은 학살에 대해 참으로 책임이 있고 유죄인 자들과 암묵적으로 정권을 지지했던 자들의 차이를 흐려놓기 때문이다. "모두가 유죄인 곳에서는 어느 누구도 최종분석을 통해 심판받을 수 없게 된다."[1]

아이히만 재판은 책임에 관한 또 다른 문제를 제기했다. 아렌트는 아이히만이 자신을 변호하면서 했던 변명, 즉 자신은 단지 명령을 따르기만 했다는 것, 자신은 친위대 장교로서 자신에게 주어진 의무를 수행했다는 것, 자신은 거대한 관료주의 체계에서 하나의 톱니바퀴였을 뿐이라는 변명을 비판했다. 그녀는 또한 오직 아이히만만이 최종해결책에 대해 책임이 있다는 부풀려진 (잘못된) 생각에 대해서도 반대했다. 그녀는 법적 재판에서는 관료주의 체계가 아니라 개인이 재판받고 있다고 생각했으며, 판사들의 임무는 아이히만이 유죄인지의 여부와 그가 자신이 저지른 범죄적 행위를 책임져야 하는지의 여부를 판단하는 것이었다고 생각했다. 범죄자가 "희생자들을 실제로 죽인 곳에서 얼마나 가까이 또는 멀리 있었던가 하는 것은, 그의 책임의 기준과 관련된 한에서는 아무런 의미가 없다. 그와 반대로, 일반적으로 **살상도구를 자신의 손으로 사용한 사람에게서 멀리 떨어져 있을수록 책임의 정도는 증가한다**"[2] 라고 주장한 판사들은 아이히만이 저지른 범죄의 독특성을 인식하고 있었다.

아렌트의 사유 전체를 관통하고 있는 책임에 대한 가장 깊은 그리고 오늘날에도 적실성이 있는 주제는, 우리가 자신의 정치적 삶에 책임져야 할 필요가 있다는 것이다. 아렌트는 역사적 필연성에 대한 모든 명시적 또는 암묵적인 호소를 거침없이 비판했다. 우리의 탄생성, 우리의 행위, 개시할 수 있는 우리의 능력 때문에 우리는 항상 어떤 새로운 일을 시작할 수 있다. 아렌트는 무분별한 낙관주의와 무분별한 절망을 모두 거절했다. 그녀는 자유의 승리로 반드시 나아가는 숨은 역사의 논리가 존재한다는 믿음과 모든 것은 파멸로 반드시 나아가는 숨은 역사의 논리가 존재한다는 믿음에 대해 똑같이 비판적이었다. 진보와 파멸은 동전의 양면이다. 그들은 모두 미신의 산물이다. 아렌트는 거짓된 희망과 잘못된 절망에 모두 저항했다. 그녀는 우리 시대의 어두움, 즉 거짓말, 기만, 자기기만, 이미지 메이킹, 진실과 거짓의 차이를 소멸하려는 시도 등을 용감하게 묘사했다. 그녀는 이 모든 위험한 경향이 오늘의 삶 가운데 여전히 존재하며 우리를 지배하고 있다고 끊임없이 경고했다. 그녀는 또한 절망과 냉소에 굴복하는 것에 대해서도 경고했다.

정치의 의미와 품격에 대한 아렌트의 탐구는 우리의 탄생성에 뿌리내린 참된 가능성을 상기하는, 그것을 되찾아오고 회복하는 행위를 이끌어내기 위한 것이었다. 그녀는 혁명정신이 살아 있기를, 그래서 구체적이고 현실적이며 공적인 자유의 공간이 자발적으로 창조되기를 원했다. 그녀는 자신의 정치관과 오늘날 우리가 정치에 대해 일반적으로 생각하는 방식 사이의 간극을 예리하게 인식했다. 그녀가 자신의 정치에 대한 묘사를 행위의 청사진으로 제시한 것은 결코 아니다. 그러나 정치의 품격에 대한 아렌트의 옹호는 오늘날 우리의 정치에서 무엇이 그토록 결여되어 있는지를 **판단**하는 데 비판적 기준이 될 것이 분명하다. 오늘날에는 진정으로 참여하고 공동으로 행위하며 동료들과 논쟁할 기회가 거의 존재하지 않는다. 정치에서 벗어나려고 하거나 정치의 추악함과 부패에 대해서는 아무것도 할 수 없다고 생각하려는 경향에 대해 우리는 저항해야 한다. 저항하지 않으면 우리는 최악의 사태의 공범이 된다. 아렌트 평생의 프로젝트는 이해하기였는데, 이를 제대로 하기 위해서는 우리 시대의 어두움뿐만 아니라 빛의 근원까지 정직하게 직면하는 방식을 따라야 한다. 아렌트가 『전체주의의 기원』을 시작하며 언급했던 '이해'가 바로 그녀가 평생 추구했던 것이다.

이해란 잔악무도함을 부인하거나 전례 없는 일을 추론하는 일, 또는 현실의 충격과 경험에서 오는 쇼크를 더 이상 느껴지지 않도록 하는 유추와 일반화를 통해 현상들을 설명하는 것이 아니다. 이해는 오히려 우리의 세기가 우리에게 지운 짐을 검토하고 의식적으로 짊어진다는 것을 의미하지, 그 짐의 존재를 부인하거나 그 무게에 패기 없이 굴복하는 것을 의미하지 않는다. 간단히 말해 이해란 현실에, 그것이 무엇이든, 미리 숙고하지는 않았어도 주의력을 갖추고 맞서고 저항하는 것을 의미한다.[3]

아렌트 자신이 설정한 과제는 이제 **우리**의 과제가 되었다. 즉 **우리**의 세기가 우리에게 지운 짐을 지고 그것의 존재를 부인하거나 그 무게에 패기 없이 굴복하지 않는 일 말이다. 오늘날 우리가 아렌트를 읽어야 하는 이유는, 아 렌트가 우리 앞에 아직도 버티고 서 있는 위험들을 예민하 게 잘 이해하면서 동시에 우리가 무관심하거나 냉소적이 되지 않도록 경고하고 있기 때문이다. 아렌트는 우리의 정 치적 운명을 책임지라고 촉구한다. 아렌트는 우리가 공동 으로 행위할 능력이 있고, 새로운 것을 시작할 능력이 있 으며, 자유를 지상의 현실로 만들기 위해 분투할 능력이 있다고 가르쳐주었다. "새로운 시작은 그것이 역사적 사건 이 되기 이전에 이미 인간이 갖춘 최상의 능력이다. 정치 적으로 그것은 인간의 자유와 동일한 것이다."[4]

중년의 아렌트

아렌트가 평생 추구한 것은 결국 '이해'다.

그것은 우리 시대의 명(明)과 암(暗)을 정직하게 직면하는 일이다.

그녀의 과제는 이제 우리의 과제가 되었다.

우리가 아렌트를 읽어야 하는 이유는,

이 과제에 무관심하거나 냉소적이 되지 않도록

그녀가 경고하기 때문이다.

혁명정신과 한나 아렌트
· 옮긴이의 말

이 책의 저자인 번스타인은 행위이론 및 사회과학 방법론 등의 영역에서 이미 1970년대부터 우리에게 알려진 석학이다. 우리나라에는 2009년에 처음 방문해 강연했는데, 이분의 방문을 전해 들었던 국내의 원로학자들은 "그 번스타인이 아직도 활동한다고?" 하며 놀라움을 금치 못했다. 그로부터 10년이 지난 지금 그는 80대 후반의 나이이지만 여전히 현역으로 후학을 위해 강의와 저술에 매진하고 있다.

번스타인이 아렌트를 처음 만났던 것은 1972년으로 아렌트가 세상을 떠나기 3년 전의 일이었다. 당시 번스타인은 작지만 명문인 리버럴 아츠 칼리지인 하버포드대학교 Harverford College에서 강의하고 있었는데 마침 그곳에 강연 차 왔던 아렌트가 그에게 만나자고 연락했다. 당시까지는 서로 만난 적이 한 번도 없었는데 아렌트가 번스타인의 저서 『실천과 행위』*Praxis and Action*를 읽고 몹시 좋아해서 만남을 청했던 것이다.

번스타인은 상당히 놀랐다고 했다. 왜냐하면 당시 그는 상당히 젊은 학자였고, 심지어 행위이론을 다루고 있는 자신의 책에서 아렌트에 대해 거의 언급조차 하지 않았기 때문이었다. 각주에서만 아렌트를 약간 언급했을 뿐이었지만 아렌트는 거기에 개의치 않았고 관대했다고 한다. 또한 아렌트는 어떤 흥미로운 문제를 다루는 사람이라면 나이와 상관없이 동료로 대했고 나이가 어려도 아랫사람처럼 대하지 않았다고 한다. 아렌트는 이 책을 계기로 번스타인을 뉴스쿨로 초청해 그곳의 교수가 될 수 있도록 해주었다. 그리고 그의 저술계획만 보고 출판사를 알선해 책이 출판될 수 있도록 이끌어주기도 했다.

그러나 번스타인이 아렌트 사상에 대해 글을 쓴 것은 매우 늦은 일로 1990년대 이후였고, 나는 그의 저술 가운데 『한나 아렌트와 유대인 문제』를 번역해 2009년에 출간한 바가 있었다. 2017년 10월에 바드 칼리지에서 개최되는 아렌트 컨퍼런스에 참석하러 가는 길에 번스타인을 그의 연구실에서 다시 만났는데, 그는 여전히 활기찼고 열정적으로 활동하고 있었다. 2018년 2월에 번스타인을 다시 찾았을 때 그는 이 책『우리는 왜 한나 아렌트를 읽는가』를 막 탈고했으며, 제롬 콘Jerome Kohn도 그 원고를 읽고 무척 좋아했다고 알려주었다. 콘은 아렌트의 마지막 수년을 함께 한 조교로서 그녀를 도우며 각별한 관계를 맺었고, 아렌트 사후에는 매카시와 더불어 유고 및 유산을 관리했으며, 매카시 사후에는 그 일을 전적으로 홀로 책임져오고 있다. 그리고 아렌트의 유고들을 모아 책으로 내는 작업을 지금도 꾸준히 해오고 있다. 번스타인은 이 책을 콘에게 헌정했다. 콘은 이 책이 아주 시의적절하고 간략하면서도 아주 흥미롭게 쓰였다면서 매우 만족스럽다고 나에게 말했다.

이 책에 관한 이야기를 처음 들었던 때 나는 이미 아렌트의 사상을 간략히 소개한 책『한나 아렌트의 생각』을 한길사에서 출간한 상태였다. 그래서 분량과 취지가 비슷한 번스타인의 책에 곧바로 관심이 생겨 그에게 원고를 요청해 읽어보았다. 여러 면에서 내가 쓴 책과 비슷했지만, 또한 아주 달랐다. 우선 눈에 들어온 차이는, 번스타인의 책은 영어권 독자들을 일차적 독자로 생각하고 있었다는 점이다. 그리고 더욱 전 지구적 관점에서 아렌트 사상의 적실성을 짚어주고 있었다. 아렌트를 간략히 다룰 때 꼭 다룰 수밖에 없는 텍스트 및 주제가 있기에 인용한 문헌이 일치한 경우도 적지 않았다. 그런데도 서로의 문제의식이 무척 다르다는 것이 흥미로웠다. 그래서 이 책을 옮기기로 마음먹고 한길사에 연락했더니 감사하게도 흔쾌히 출간을 결심해주었다. 한길사 김언호 대표님과 편집부에 감사한다.

이 책의 장점은 아렌트 사상을 전 지구적인 문제와 함께 사유할 수 있도록 우리를 이끈다는 점이다. 특히 전 지구적인 문제가 된 난민 문제를 중요하게 다루고 있다. 이는 우리에게도 더 이상 남의 일이 아니다. 이 후기를 쓰는 동안 우리나라 제주도에 예멘 난민들이 상륙했다는 얘기가 들려왔다. 그들은 난민의 지위를 인정받는 과정에 있으며 제대로 된 도움을 받지 못해 어려움을 겪고 있다고 한다. 나치에게서 살아남은 아렌트 자신도 난민이었지만, 학살당한 유대인들도 난민이었다. 우리는 단지 내 것을 지키기 위해 난민을 홀대하는 것이 어떤 의미인지를 이제는 알아야 한다. 이런 전 지구적인 문제를 다룰 수 있도록 우리의 시야를 정치철학적으로 열어주는 데 번스타인의 이 책은 도움을 준다.

또한 번스타인의 책은 우리의 정치상황을 정확하게 읽어내는 데도 많은 도움을 준다. 촛불혁명의 의미를 이 책은 "혁명정신"이라는 개념으로 선명하게 짚어준다. 광화문 광장을 위시해 전국 곳곳에서 함께 모여 촛불을 들며 이루어낸 공동행위 action-in-concert 가운데서 우리는 자유의 순간을 맛보았고 혁명정신을 체험했다. 그렇게 모인 시민의 힘, 즉 권력 power 을 위임 empowerment 해 정부를 세웠을 때 국가는 어떤 모습이 될 수 있는지에 대한 경험을 번스타인은 아렌트의 개념을 빌려 설명한다.

2017년 10월에 번스타인을 만났을 때 그와 한반도 핵전쟁 위기와 이에 관한 트럼프 대통령의 태도에 대해 이야기를 나누었는데, 이 번역 원고를 탈고할 시점에서는 남북 정상이 두 차례나 만났고 북미 간의 대화도 시작되었다. 우리 민족은 2016~17년의 촛불혁명을 통해 자유의 순간을 맛보았고, 2018년 초에는 핵전쟁의 공포를 물리치는 평화의 순간도 맛보았다. 촛불의 혁명정신으로 맛본 자유의 순간과 평화가 번득인 순간이 서로 무관할 수 없다. 촛불을 들고 함께 모인 시민의 권력으로 세워진 정부가 아니었다면 그런 평화의 순간이 불가능했을 것은 분명하기 때문이다. 평화는 시민의 함께함에서 오는 권력을 필요로 한다. 그래서 우리는 자유를 제도화해 혁명정신을 지속시키려고 노력을 기울이듯, 평화를 제도화해 항구적으로 유지할 수 있도록 시민적 노력을 기울여야 한다. 그리고 이를 위해서는 우리의 시야를 한반도를 넘어 국제적인 차원, 전 지구적인 차원으로 넓혀야 한다. 번스타인의 이 책은 아렌트와 함께 그런 시야를 확보할 수 있도록 이끌어준다.

번스타인이 「한국 독자를 위하여」의 끝부분에 썼듯이, 우리는 독립적으로 생각하는 사람들이 되어야 한다. 아렌트에 대한 책을 써내는 이유는 아렌트를 추종하기 위해서가 아니라 그녀의 사유에서 우리 스스로 사유하고 문제를 고민하는 능력을 길어 올리기 위해서다. 우리 스스로 생각하는 독립적인 사유자가 되는 데 이 책이 조금이나마 도움이 된다면, 이 책을 제작하기 위해 베어진 나무들에게 덜 미안할 것이다.

2018년 9월
김선욱

주 註

1 저자인 리처드 번스타인의 부인.

서론

1 Hannah Arendt, *Men in Dark Times*, New York; Harcourt Brace&World, 1968, p.viii; 『어두운 시대의 사람들』, 홍원표 옮김, 인간사랑, 2010, 8쪽 참조할 것.

2 반셈주의(antisemitism)은 흔히 '반유대주의'로 번역되지만 그 원어를 보면 유대교에 대한 반대를 의미하는 것이 아니라 종족으로서의 유대인들을 통칭하는 셈족에 대한 반대를 의미하기에 여기서는 반셈주의로 옮겼다. 반유대주의는 anti-judaism의 번역어로 더 적절할 것이다. 나도 과거에는 이를 반유대주의로 옮겼으나 이제부터는 정확한 번역어를 다 함께 쓸 수 있기를 바란다.—옮긴이주.

3 Hannah Arendt, *The Jewish Writings*, ed. J. Kohn and R. H. Feldman, New York; Schocken Books, 2007, p.265.

무국적 상태와 난민

1 Hannah Arendt, *Thinking Without A Bannister*, ed. J. Kohn, New York; Schocken Books, 2018, pp.200~201.

2 Hannah Arendt, *Essays in Understanding*, ed. J. Kohn. Harcourt

Brace & Co, 1994, pp.11~12;『이해의 에세이: 1930-1954』, 홍원표 외 옮김, 텍스트, 2012, 62쪽 참조할 것.

3 Hannah Arendt, *The Jewish Writings*, p.264.

4 Hannah Arendt, *The Jewish Writings*, p.264.

5 Hannah Arendt, *The Jewish Writings*, p.272.

6 보슈(boches)는 프랑스 속어로 독일인을 가리킨다.

7 Hannah Arendt, *The Jewish Writings*, p.270.

8 Hannah Arendt, *The Jewish Writings*, p.274.

9 Hannah Arendt, *The Origins of Totalitarianism*, new edition with added prefaces. New York: Harcourt, Inc, 1976, p.277;『전체주의의 기원1』, 이진우 외 옮김, 한길사, 2008, 503쪽 참조할 것.

10 Hannah Arendt, *The Origins of Totalitarianism*, p.277;『전체주의의 기원 1』, 503~504쪽 참조할 것. 강조는 아렌트의 것.

11 여기서 '국민'이란 nation을 옮긴 것인데, 이 단어는 종종 '민족'으로 번역되기도 한다. 본문에서 이 말은 국가를 구성하는 집단을 가리키는 뜻으로 쓰였고 번스타인도 그런 정의와 함께 활용하고 있으므로 일관되게 '국민'이라고 번역했다. 그러나 가끔씩 이 단어가 종족의 의미를 강하게 나타내는 맥락에서도 쓰이므로 '국민'으로 번역하는 것이 어색한 경우도 있을 수 있다.— 옮긴이주.

12 소수자협약(minority treaties)이란 제1차 세계대전 이후 국제연맹을 통해 체결된 소수자보호협약을 말한다. 이 협약은 파리강화조약의 결과로 만들어졌는데, 한 국가 내의 모든 거주자에게 출생지, 국적, 언어, 인종, 종교 등과 무관하게 기본권을 부여함으로써, 해당 국가의 다수자와 종족, 종교, 언어 등을 달리하는 소수자들의 권리를 보호하는 내용으로 구성되어 있다.— 옮긴이주.

13 Hannah Arendt, *The Origins of Totalitarianism*, p.275;『전체주의의 기원 1』, 501쪽 참조할 것.

14 Hannah Arendt, *The Origins of Totalitarianism*, p.275;『전체주의의 기원
1』, 501쪽 참조할 것.

15 이는 장애인이나 집시 등을 말한다.— 옮긴이주.

16 불법체류 청소년 추방유예 제도(Deferred Action for Childhood Arrivals).
이 제도는 미국에 거주하는 일정 연령에 해당하는 불법체류 청소년의 추
방을 2년씩 지속적으로 유예하는 법적 장치로 오바마 대통령이 2012년
에 행정명령을 통해 시행해왔던 것이다. 2017년 9월에 트럼프 행정부는
이 제도를 폐지했고 기존의 수혜자들에 대해서도 갱신을 불허해 혜택이
중지되었다.— 옮긴이주.

권리를 가질 권리

1 Hannah Arendt, *The Origins of Totalitarianism*, p.290;『전체주의의 기원
1』, 524쪽 참조할 것.

2 Hannah Arendt, *The Origins of Totalitarianism*, p.291;『전체주의의 기원
1』, 524쪽 참조할 것.

3 Hannah Arendt, *The Origins of Totalitarianism*, pp.291~292;『전체주의
의 기원1』, 525쪽 참조할 것.

4 Hannah Arendt, *The Origins of Totalitarianism*, p.293;『전체주의의 기원
1』, 528쪽 참조할 것.

5 Hannah Arendt, *The Origins of Totalitarianism*, p.293;『전체주의의 기원
1』, 528쪽 참조할 것.

6 Hannah Arendt, *The Origins of Totalitarianism*, pp.295~296;『전체주의
의 기원1』, 531~532쪽 참조할 것.

7 Hannah Arendt, *The Origins of Totalitarianism*, p.296;『전체주의의 기원
1』, 532~533쪽 참조할 것.

8 Hannah Arendt, *The Origins of Totalitarianism*, p.297;『전체주의의 기원
1』, 534쪽 참조할 것, 강조는 저자의 것.

9 Hannah Arendt, *The Origins of Totalitarianism*, p.437; 『전체주의의 기원 2』, 218쪽 참조할 것.

10 Hannah Arendt, *The Origins of Totalitarianism*, p.438; 『전체주의의 기원 2』, 219쪽 참조할 것.

11 Hannah Arendt, *The Origins of Totalitarianism*, p.452; 『전체주의의 기원 2』, 241쪽 참조할 것.

12 Hannah Arendt, *The Origins of Totalitarianism*, p.455; 『전체주의의 기원 2』, 245쪽 참조할 것.

13 Hannah Arendt, *The Origins of Totalitarianism*, p.458; 『전체주의의 기원 2』, 251쪽 참조할 것.

14 레비는 수용소에서 삶의 의욕을 완전히 상실해 영혼이 텅 빈 자처럼 살아가고 있는 사람들을 무슬림의 속어인 Musselman이라고 불렀다고 전한다.

15 Levi, P, *Survival in Auschwitz*, New York: Touchstone, 1996, p.56.

16 Hannah Arendt, *The Origins of Totalitarianism*, p.459; 『전체주의의 기원 2』, 252쪽 참조할 것.

17 Hannah Arendt, *The Origins of Totalitarianism*, p.459; 『전체주의의 기원 2』, 252~253쪽 참조할 것.

18 Hannah Arendt, *The Origins of Totalitarianism*, p.459; 『전체주의의 기원 2』, 253쪽 참조할 것.

충성에 근거한 반대

1 Hannah Arendt, *Essays in Understanding*, p.12; 『이해의 에세이: 1930-1954』, 62쪽 참조할 것.

2 알리야(Aliyah)는 19세기 말부터 계속된 팔레스타인 귀환운동에 참여한 '귀환자'를 의미한다.

3 파브뉴(parvenu)는 본래 천박한 출신이지만 기존 사회에 동화하고 그 질

서에 순응해 출세한 사람으로, 생각은 천박하지만 돈만 많은 벼락부자를 가리키는 말이다.

4 드레퓌스 사건은 프랑스가 독일과의 전쟁에서 패전한 뒤 배상금을 지 불하며 고통을 겪는 와중에 형성된 반독일 감정과 당시에 유행하던 반 셈족주의적 분위기 때문에 독일계 유대인인 무고한 알프레드 드레퓌스 (Alfred Dreyfus, 1859~1935)가 간첩으로 몰려 유죄판결을 받은 사건이 다. 그가 무죄라는 많은 증거가 묵살되고 심지어 진범이 잡힌 이후에도 계속 진실이 은폐되었으나 에밀 졸라(Émile Zola, 1840~1902) 등의 노력 으로 결국 무죄판결을 받게 된다.

5 패리아(pariah)는 원래 불가촉천민을 가리키는 말로 사회의 계급질서 자 체에서 벗어나 있는 국외자를 가리킨다. 이런 패리아 가운데 자신의 정치 적 지위에 대해 자각하고 또 마땅히 해야 할 정치적 역할을 의식하게 된 자를 아렌트는 의식적 패리아라고 부른다.

6 Hannah Arendt, *The Jewish Writings*, p.283.

7 Hannah Arendt, *The Jewish Writings*, p.343.

8 수정주의적 시온주의(revisionist Zionism)는 1930년대 말에 나온 것으 로 헤르츨의 정치적 시온주의를 계승하고 다비드 벤구리온(David Ben-Gurion, 1886~1973) 등의 정치적 자유주의를 수정한 관점을 표방했다. 다른 수정주의와 가장 차별되는 점은 팔레스타인 전 지역을 유대인 국가 의 영토에 포함시켜야 한다는 최대한의 영역론을 주장한 것이었다.— 옮 긴이주.

9 Hannah Arendt, *The Jewish Writings*, pp.391~392.

10 Hannah Arendt, *The Jewish Writings*, p.396.

11 Hannah Arendt, *The Jewish Writings*, pp.396~397.

12 Hannah Arendt, *The Jewish Writings*, p.399.

13 Hannah Arendt, *The Jewish Writings*, p.400.

14 Hannah Arendt, *The Jewish Writings*, p.401, 강조는 저자의 것.

인종주의와 분리

1 Hannah Arendt, "Reflection on Little Rock," *Dissent* 6. I :45~56, 1959, p.53.

2 Hannah Arendt, "Reflection on Little Rock," p.53.

3 Young-Bruehl, E, *Hannah Arendt: For Love of the World*, New Haven: Yale University Press, 1982, p.316; 『한나 아렌트 전기: 세계 사랑을 위하여』, 홍원표 옮김, 인간사랑, 2007, 521쪽 참조할 것.

4 Young-Bruehl, E, *Hannah Arendt: For Love of the World*, p.316; 『한나 아렌트 전기: 세계 사랑을 위하여』, 521쪽 참조할 것.

5 Allen, D.S, *Talking to Strangers,* Chicago: University of Chicago Press, 2004. Gines, K.T, *Hannah Arendt and the Negro Question*, Bloomington: Indiana University Press, 2014.

6 Hannah Arendt, *The Origins of Totalitarianism*, p.440; 『전체주의의 기원 2』, 222쪽 참조할 것.

7 Hannah Arendt, *On Violence*, New York: Harcourt, Inc, 1970, p.76; 『공화국의 위기』, 김선욱 옮김, 한길사, 2011, 229쪽.

8 Hannah Arendt, "Reflection on Little Rock," p.49.

9 Hannah Arendt, "Reflection on Little Rock," p.52.

10 Hannah Arendt, "Reflection on Little Rock," p.51. 아렌트의 정치적인 것, 사회적인 것, 사적인 것 등의 개념 구분에 대한 비판적 논의는 Richard J. Bernstein, "Rethinking the Social and the Political," in R. J. Bernstein, *Philosophical Profiles*, Philadelphia: University of Pennsylvania Press 1986 참조할 것.

11 Hannah Arendt, *The Jewish Writings*, p.203.

12 Hannah Arendt, *The Origins of Totalitarianism*, pp.301~302; 『전체주의의 기원1』, 540~541쪽 참조할 것.

13 Hannah Arendt, *Crises of the Republic*, New York: Harcourt Brace

Jovanovich, 1972, p.90; 『공화국의 위기』, 김선욱 옮김, 한길사, 2011, 133~134쪽.

악의 평범성

1 Hannah Arendt, *Eichmann in Jerusalem: A Report on the Banality of Evil*, 2nd ed., New York: Penguin Books, 1965a, p.125; 『예루살렘의 아이히만: 악의 평범성에 대한 보고』, 김선욱 옮김, 한길사, 2006, 196~197쪽.

2 Hannah Arendt, *Eichmann in Jerusalem*, p.246; 『예루살렘의 아이히만』, 342쪽.

3 Hannah Arendt, *Eichmann in Jerusalem*, pp.287~288; 『예루살렘의 아이히만』, 391쪽, 강조는 아렌트의 것.

4 Hannah Arendt, "Thinking and Moral Considerations," *Social Research* 38, 3:417~46, 1971, p.417.

5 Browning, C, *Collected Memories: Holocaust History and Postwar Memories*, Madison: University of Wisconsin Press, 2003, pp.3~4.

6 Arendt, H. and Jaspers, K, *Correspondence 1926-1979*, New York: Harcourt Brace Jovanovich, 1992, p.62.

7 Hannah Arendt, *The Jewish Writings,* p.471. 악의 평범성 개념에 대한 추가 설명과 그 개념이 『전체주의의 기원』에서 말한 근본악과 어떻게 연관되는지에 대한 논의는 리처드 번스타인, 『한나 아렌트와 유대인 문제』, 김선욱 옮김(아모르문디, 2009) 및 R. Bernstein, "Hannah Arendt: Thought-Defying Evil," in R. J. Bernstein, *Pragmatic Encounters*, New York: Routledge, 2016 참조할 것.

8 Hannah Arendt, "Thinking and Moral Considerations," p.438.

진리, 정치 그리고 거짓말

1 Hannah Arendt, *Between Past and Future*, New York: Penguin Books, 1977, pp.277~278; 『과거와 미래사이』, 서유경 옮김, 푸른숲, 2005, 305쪽 참조할 것.

2 Hannah Arendt, *Between Past and Future*, p.233; 『과거와 미래사이』, 312쪽 참조할 것.

3 Hannah Arendt, *Between Past and Future*, p.241; 『과거와 미래사이』, 323쪽 참조할 것.

4 Hannah Arendt, *On Revolution*, New York: Viking Press, 1965b, p.229; 『혁명론』, 홍원표 옮김, 한길사, 2004, 354쪽 참조할 것.

5 Hannah Arendt, *Between Past and Future*, p.238; 『과거와 미래사이』, 319쪽 참조할 것.

6 Hannah Arendt, *Between Past and Future*, p.239; 『과거와 미래사이』, 320쪽 참조할 것.

7 Hannah Arendt, *Between Past and Future*, p.257; 『과거와 미래사이』, 345쪽 참조할 것.

8 Hannah Arendt, *Between Past and Future*, p.254; 『과거와 미래사이』, 340쪽 참조할 것.

9 Hannah Arendt, *The Origins of Totalitarianism*, p.351; 『전체주의의 기원 2』, 87쪽 참조할 것.

10 Hannah Arendt, *Between Past and Future*, p.255; 『과거와 미래사이』, 342쪽 참조할 것.

11 Hannah Arendt, *Crises of the Republic*, p.4; 『공화국의 위기』, 34쪽.

12 Hannah Arendt, *Crises of the Republic*, p.6; 『공화국의 위기』, 37쪽.

13 Hannah Arendt, *Crises of the Republic*, p.18; 『공화국의 위기』, 51쪽.

14 Hannah Arendt, *Crises of the Republic*, p.35; 『공화국의 위기』, 71쪽.

복수성, 정치 그리고 공적 자유

1 Hannah Arendt, *Between Past and Future*, p.263; 『과거와 미래사이』,

352~353쪽 참조할 것.

2 Lefort, C, "Hannah Arendt and the Question of the Political," in C. Lefort, *Democracy and Political Theory*, Minneapolis: University of Minnesota Press, 1988, p.50.

3 Hannah Arendt, *The Human Condition*, Chicago: University of Chicago Press, 1958a, p.7;『인간의 조건』, 이진우 옮김, 2017, 74쪽 참조할 것.

4 Hannah Arendt, *The Human Condition*, p.178;『인간의 조건』, 266~267쪽 참조할 것.

5 Hannah Arendt, *The Human Condition*, p.9;『인간의 조건』, 75쪽 참조할 것.

6 Hannah Arendt, *Between Past and Future*, p.154;『과거와 미래사이』, 210쪽 참조할 것.

7 Hannah Arendt, *On Revolution*, p.23;『혁명론』, 98쪽 참조할 것.

8 Hannah Arendt, *On Revolution*, p.24;『혁명론』, 99쪽 참조할 것.

9 Hannah Arendt, *On Revolution*, pp.120~121;『혁명론』, 216~217쪽 참조할 것.

10 여기서 번스타인이 사용하고 있는 '적극적' 및 '소극적' 자유의 구분은 아이제이아 벌린(Isaiah Berlin, 1909~97)의 구분법을 차용한 것이다. 따라서 여기서는 '긍정적' '부정적'이라는 번역어를 사용하지 않는다.—옮긴이주.

11 Hannah Arendt, *On Revolution*, p.35;『공화국의 위기』, 183~184쪽.

12 Hannah Arendt, *On Revolution*, p.44;『공화국의 위기』, 193쪽.

13 Hannah Arendt, *On Revolution*, p.174;『혁명론』, 286쪽 참조할 것.

14 Hannah Arendt, *On Revolution*, p.53;『공화국의 위기』, 204쪽.

15 Hannah Arendt, *Between Past and Future*, p.222;『과거와 미래사이』, 297쪽 참조할 것.

16 Hannah Arendt, *Between Past and Future*, p.220;『과거와 미래사이』,

294~295쪽 참조할 것.

17 Hannah Arendt, *The Promise of Politics*, ed. J. Kohn, New York: Schocken Books, 2003, p.155;『정치의 약속』, 김선욱 옮김, 푸른숲, 2008, 195쪽.

미국혁명과 혁명정신

1 Hannah Arendt, *On Revolution*, p.26;『혁명론』, 102쪽 참조할 것.

2 Hannah Arendt, *On Revolution*, pp.139~140;『혁명론』, 239쪽 참조할 것.

3 Hannah Arendt, *On Revolution*, p.143;『혁명론』, 245쪽 참조할 것.

4 Hannah Arendt, *On Revolution*, p.235;『혁명론』, 361쪽 참조할 것.

5 Hannah Arendt, *On Revolution*, p.238;『혁명론』, 365쪽 참조할 것.

6 Hannah Arendt, *On Revolution*, p.254;『혁명론』, 385쪽 참조할 것.

7 Hannah Arendt, *Between Past and Future*, p.6;『과거와 미래사이』, 13쪽 참조할 것.

8 Hannah Arendt, *Between Past and Future*, p.3;『과거와 미래사이』, 9~10쪽 참조할 것.

9 Hannah Arendt, *Between Past and Future*, p.5;『과거와 미래사이』, 11쪽 참조할 것.

10 Hannah Arendt, *The Origins of Totalitarianism*, p.497.

11 Hannah Arendt, *The Origins of Totalitarianism*, p.500.

12 Hannah Arendt, *On Revolution*, pp.232~233;『공화국의 위기』, 306~307쪽.

개인의 책임과 정치적 책임

1 Hannah Arendt, *Essays in Understanding*, p.126;『이해의 에세이: 1930-1954』, 231쪽 참조할 것.

2 Hannah Arendt, *Eichmann in Jerusalem*, p.247;『예루살렘의 아이히만』, 342쪽, 강조는 아렌트의 것.

3 Hannah Arendt, *The Origins of Totalitarianism*, p.viii;『전체주의의 기원1』, 34~35쪽 참조할 것.

4 Hannah Arendt, *The Origins of Totalitarianism*, p.479;『전체주의의 기원 2』, 284쪽 참조할 것.

참고문헌

Allen, D.S., *Talking to Strangers*, Chicago: University of Chicago Press, 2004.

Arendt, H., *The Human Condition*, Chicago: University of Chicago Press, 1958a.

_____, *The Origins of Totalitarianism*, 2nd edn., New York: Meridian Books, 1958b.

_____, "Reflections on Little Rock," *Dissent* 6, 1: 45~56, 1959.

_____, *Eichmann in Jerusalem: A Report on the Banality of Evil*, 2nd edn., New York: Penguin Books, 1965a.

_____, *On Revolution*, New York: Viking Press, 1965b.

_____, *Men in Dark Times*, New York: Harcourt Brace & World, 1968.

_____, *On Violence*, New York: Harcourt, Inc., 1970.

_____, "Thinking and Moral Considerations," *Social Research* 38, 3: 417~446, 1971.

_____, *Crises of the Republic*, New York: Harcourt Brace Jovanovich, 1972.

_____, *The Origins of Totalitarianism*, new edition with added prefaces, New York: Harcourt, Inc., 1976.

_____, *Between Past and Future*, New York: Penguin Books, 1977.

_____, *Essays in Understanding*, ed. J. Kohn, Harcourt Brace & Co., 1994.

_____, *The Promise of Politics*, ed. J. Kohn, New York: Schocken Books, 2003.

_____, *The Jewish Writings*, ed. J. Kohn and R.H. Feldman, New York: Schocken

Books, 2007.

____, *Thinking Without A Bannister*, ed. J. Kohn., New York: Schocken Books, 2018.

Arendt, H. and Jaspers, K., *Correspondence 1926-1979*, New York: Harcourt Brace Jovanovich, 1992.

Bernstein, R.J., "Rethinking the Social and the Political," in R.J. Bernstein, *Philosophical Profiles*, pp.238~239, Philadelphia: University of Pennsylvania Press, 1986.

____, *Hannah Arendt and the Jewish Question*, Cambridge: Polity, 1996.

____, "Hannah Arendt: Thought-Defying Evil," in R.J. Bernstein, *Pragmatic Encounters*, pp.140~157, New York: Routledge, 2016.

Browning, C., *Collected Memories: Holocaust History and Postwar Memories*, Madison: University of Wisconsin Press, 2003.

Gines, K.T., *Hannah Arendt and the Negro Question*, Bloomington: Indiana University Press, 2014.

Lefort, C., "Hannah Arendt and the Question of the Political," in C. Lefort, *Democracy and Political Theory*, pp.45~55, Minneapolis: University of Minnesota Press, 1988.

Levi, P., *Survival in Auschwitz*, New York: Touchstone, 1996.

Young-Bruehl, E., *Hannah Arendt: For Love of the World*, New Haven: Yale University Press, 1982.

찾아보기

리처드 J. 번스타인 Richard J. Bernstein, 1932-

미국 뉴욕의 뉴스쿨(The New School for Social Research)에서 강의하는
철학자다. 한나 아렌트가 세상을 떠나기 3년 전인 1972년에
그녀와 처음 만난 이후 계속 관계를 이어나가다가 뉴스쿨로
자리를 옮기게 된다. 상이한 철학 학파와 전통들의 접점을 찾아
철학적 지평을 융합하는 것으로 유명하다.
사회과학 방법론, 행위이론, 미국 실용주의 철학, 하버마스의 철학
등과 관련된 저술을 여러 권 썼다. 오늘날의 사회적 · 정치적 · 문화적
쟁점들을 적극적으로 다루는 대중적 지식인으로도 활동하고 있다.
악의 문제를 다룬『근본악』을 쓰고 얼마 지나지 않아
9 · 11테러가 발생했는데, 이후 미국에서 '악'의 개념이 남용되자
곧바로『악의 남용』을 써냈다. 아렌트와 관련된 대표적인 저서로는
『한나 아렌트와 유대인 문제』(*Hannah Arendt and Jewish Question*)가 있고,
최근에는 폭력 문제를 다룬『폭력』(*Violence*)을 썼다.

옮긴이 김선욱 金善郁, 1960-

현재 숭실대학교 철학과 교수이자 가치와윤리연구소장 및
제55대 한국철학회 회장이다.
숭실대학교에서 학사와 석사, 뉴욕주립대 버펄로대학에서
철학박사를 취득했고, 뉴스쿨에서 풀브라이트 주니어 연구교수,
UC 어바인(Irvine)에서 풀브라이트 시니어 연구교수를 지냈다.
숭실대학교 인문대학장 및 학사부총장을 역임했고
한국아렌트학회 회장을 역임했다.
주요 관심사는 정치철학, 윤리학, 정치와 종교의 관계 등이다.
지은 책으로는『한나 아렌트와 차 한잔』『정치와 진리』
『한나 아렌트 정치판단이론』『행복의 철학』『행복과 인간적 삶의 조건』
『한나 아렌트의 생각』등이 있으며, 이밖에도 여러 권의 공저가 있다.
옮긴 책으로는『칸트의 정치철학』『예루살렘의 아이히만』
『공화국의 위기』『정치의 약속』등이 있다.
또한 마이클 샌델 저서 번역본 대부분을 감수하거나 공역했다.

우리는 왜
한나 아렌트를 읽는가

지은이 리처드 J. 번스타인
옮긴이 김선욱
펴낸이 김언호

펴낸곳 (주)도서출판 한길사
등록 1976년 12월 24일 제74호
주소 10881 경기도 파주시 광인사길 37
홈페이지 www.hangilsa.co.kr
전자우편 hangilsa@hangilsa.co.kr
전화 031-955-2000~3   팩스 031-955-2005

부사장 박관순   총괄이사 김서영   관리이사 곽명호
영업이사 이경호   경영이사 김관영   편집주간 백은숙
편집 박희진 노유연 이한민 박홍민
관리 이주환 문주상 이희문 원선아 이진아   마케팅 정아린
디자인 창포 031-955-2097
CTP출력 및 인쇄 예림   제책 경일제책사

제1판 제1쇄 2018년 10월 19일
제1판 제4쇄 2023년 11월 15일

값 17,000원
ISBN 978-89-356-7060-4 03160